I0566866

DISCLAIMER

The author and publisher are providing this book and its contents on an "as is" basis and make no representations or warranties of any kind with respect to this book or its contents. The author and publisher disclaim all such representations and warranties, including but not limited to warranties of merchantability. In addition, the author and publisher do not represent or warrant that the information accessible via this book is accurate, complete, or current.

Except as specifically stated in this book, neither the author nor publisher, nor any authors, contributors, or other representatives will be liable for damages arising out of or in connection with the use of this book. This is a comprehensive limitation of liability that applies to all damages of any kind, including (without limitation) compensatory; direct, indirect, or consequential damages; loss of data, income, or profit; loss of or damage to property; and claims of third parties.

This Book Offers Free Bonus Puzzles

Available Here:

BestActivityBooks.com/WSBONUS20

5 TIPS TO START!

1) HOW TO SOLVE

The Puzzles are in a Classic Format:

- Words are hidden without breaks (no spaces, dashes, ...)
- Orientation: Forward & Backward, Up & Down or in Diagonal (can be in both directions)
- Words can overlap or cross each other

2) LEVEL UP THE GAME!

A space is provided next to each word to write new ones, translations or notes. We also offer a convenient **NOTEBOOK** at the end of this edition. It can help you organize your annotations, new words and/or observations.

3) TAG YOUR WORDS

Have you tried using a tag system? For example, you could mark the words which have been difficult to find with a cross, the ones you loved with a star, new words with a triangle, rare words with a diamond and so on...

4) EASY TO CUT!

The Puzzles come with an Extra Large margin to easily cut the page out of the book. Some people may feel it more convenient to solve them this way.

5) FINISHED?

Go to the bonus section: **MONSTER CHALLENGE** to find a free game offered at the end of this edition!

Want **more fun** and activities to **relax? It's Fast and Simple!** An entire Game Book Collection **just one click away!**

Find your next challenge at:

BestActivityBooks.com/MyNextWordSearch

Ready, Set... Go!

Did you know there are around 7,000 different languages in the world? Words are precious.

We love languages and have been working hard to make the highest quality books for you. Our ingredients?

One part easy-to-read print, three parts entertainment, then we add some challenging words and a pinch of rare ones. We brew them with care to serve you lots of fun and an opportunity to solve the best puzzles.

Your feedback is essential. You can be an active participant in the success of this book by leaving us a review. Tell us what you liked most in this edition!

Here is a short link which will take you to your Amazon orders review page.

BestBooksActivity.com/Review50

Thanks for your fidelity and enjoy the Game!

Delta Classics Team

Puzzle 1

```
Т  С  О  Н  О  Ф  Е  Л  Е  Т  С  Т  И  М  О
Г  О  Т  Т  Г  Н  Е  О  Б  Х  О  Д  И  М  О
О  В  Ч  А  О  Д  У  Ч  А  Л  И  Д  Т  О  И
Р  О  И  К  Л  А  Л  И  Д  О  Ч  Ю  А  Т  П
О  З  Ф  И  А  Ь  А  Н  И  З  А  Г  А  М  Т
Х  М  С  Н  Т  Т  Н  Е  И  Т  Д  А  Т  Т  М
О  О  Н  Ь  С  А  А  А  А  Х  У  Т  Е  П  Н
В  Ж  У  Л  У  С  Т  В  Я  Р  Т  А  Л  А  Й
О  Н  И  И  М  И  Х  Е  Д  Е  В  У  Ш  К  И
Г  О  М  Д  Е  П  Р  В  Р  В  Е  С  С  И  Щ
О  В  И  О  Т  О  Е  Ы  Е  О  О  О  Т  Н  У
Н  Т  Ф  Л  О  Е  Д  В  И  О  Т  И  С  Х  Г
П  О  М  О  У  Т  К  О  Т  О  Ц  О  В  Е  Е
У  И  А  Х  Р  Н  О  Д  Е  М  О  Е  О  Т  Б
```

GOROHOVOGO   ВОЗМОЖНО
ТЕХНИКА   СТАЛЬНАЯ
НЕОБХОДИМО   ХВАТАЮТ
ДЕВУШКИ   УДАЧИ
ЧУДО   МАГАЗИНА
ВЫВОД   ПЕТУХА
ТОЧКА   ТЕМУ
ХОЛОДИЛЬНИК   БЕГУЩИЙ
ОПИСАТЬ   УСТАЛОГО
ТЕЛЕФОН   РЕДКО

Puzzle 2

А	Я	И	Т	С	Ц	О	Р	Й	О	П	А	П	И	В
К	О	Р	О	Т	К	О	Й	В	П	Е	Р	И	Л	О
И	Р	М	П	Т	М	П	Т	Е	А	И	И	И	И	З
Е	Л	Н	У	М	М	С	М	М	М	Н	Я	Е	К	М
Т	Ю	О	Ь	Р	Е	В	Д	М	Р	А	М	А	С	О
Ц	Д	Н	М	Ч	И	Р	М	И	Щ	В	С	З	Я	Ж
Н	И	Е	И	Р	А	Г	Н	Б	Н	О	Т	А	Р	Н
А	М	Л	М	У	Е	О	О	Е	Р	З	Р	Г	Т	О
Е	О	В	П	И	У	Е	П	Н	М	Ь	У	Е	С	С
К	Б	А	С	О	М	У	А	О	С	Л	К	И	В	Т
О	О	Р	Е	Б	Л	И	Д	Е	Р	О	Т	Ф	Е	Ь
О	В	П	С	Е	В	А	Н	А	З	П	У	У	Я	У
Н	Е	Т	Р	Д	П	О	Ч	В	А	С	Р	О	Е	Е
В	Т	О	Р	Г	А	Т	Ь	С	Я	И	А	А	Р	С

ОБЩАЯ
ПОЧВА
ВСТРЯСКИ
САМА
ЗАНАВЕС
ДВЕРЬ
КОЛИЧЕСТВО
ЛИДЕР
ВТОРГАТЬСЯ
ВОЗМОЖНОСТЬ

НОГИ
ПАПОЙ
ИСПОЛЬЗОВАНИЕ
СТРУКТУРА
КОРОТКОЙ
ОТПРАВЛЕНО
ОКЕАН
ГАЗА
ОБЕД
ЛЮДИ

Puzzle 3

```
П О Л О Ж И Т Е Л Ь Н О Г О С
П О В О Р О Т А К Н О Г Р О К
С Т О Я Щ И Й Т М П А Р Д Е О
Т С К О Р О С Т И Р Р Е Л П Р
П С Г Н Е В Н Ы Й И Р А С Т О
Н О И В Т Ю П О Н Я Л А В Н А
М Ь Л С Ф У Р Х О П У Р Д А С
С Н К К И Н В Е С Т И Ц И И Я
И Е И М А Ч И Р А П Е И С Е Р
Т З Е Ы Р О Т О К Е Н А В И Д
У Е Л М М Л П Р И Н Я Т Ь О У
Н Л О С Т Й В О С Т О К М И О
Р Е Р О Р О С Л У Ч А Й Н Ы Й
И С Н Т С В М А О Л И М О И П
```

ПОНЯЛА
ВОЙЛОЧНУЮ
ОРЕХ
ПОЛОЖИТЕЛЬНОГО
ТЕКСТ
ДИВАН
ПРАВАЯ
СЛУЧАЙНЫЙ
ПРИНЯТЬ
ВОСТОК

СКОРО
ПОВОРОТА
СТОЯЩИЙ
ИНВЕСТИЦИИ
НЕКОТОРЫЕ
СЕЛЕЗЕНЬ
СКОРОСТИ
ПОЛКА
ГНЕВНЫЙ
ГОНКА

Puzzle 4

```
А Н А Р Е И Н Е Д Ж У С Б О Р
Т Р С Н И Н З С Т Р А Н Н Ы Е
Ц Р Е М З А Р М Е Е А Т Е И Е
И Т С Р К Н Я А Т Ы Р К Т О Р
И И Г С Ш А Р И К О Л И Н О М
О П С О Т Р Г Е П Л Е А У М Я
Ф А Б И Е Т И С П О Г О Н Я Г
Р П И У Т С О Е Д У А К О У К
Я А Н Н Е Л А Д У И Т Е Ф Д О
У Е И Н Е Л Е Д Р Е Ы Л А О Е
И А Т В З Д Е С Ь В М А К Б Т
Ч Е Р Е П А Х А И М У Д Т Н Е
Н Е Б Е С А А Ж М М И Р А Ы О
Р Е А Л Ь Н О Е У О Т И Н Е П
```

ОБСУЖДЕНИЕ	РЕАЛЬНОЕ
ЖИВЫЕ	ЗДЕСЬ
ДЕЛЕНИЕ	ФАКТА
УДОБНЫЕ	УДАЛЕННАЯ
ЧЕРЕПАХА	ДАЛЕКО
ШАРИК	ПОГОНЯ
НЕБЕСА	СТРАНА
ОТКРЫТАЯ	РАССКАЗЕ
СТРАННЫЕ	МЯГКОЕ
РАЗМЕР	ВЕЛОСПОРТ

Puzzle 5

```
Д И З Р А С Х О Д У Е Т Т У С
П О Е У М Я Т А Р Е Л К А Р Р
Р О Б У Е В О З Ы В Т С О О В
Е Р И Р Е Н Р Т К А У Ч У К С
Д Г Н О О О С Л Р Е А К Н Р Р
Л А Д Б В В С И М Е А К Р А П
О Н Е Ы И У О О Н Р Т Л Л Е Е
Ж И Й Ч С Е С Л Т Т Ь Т А Н З
Е З К Н А Т Р И Ь Е А Т Ц И Н
Н А У Ы Р Е Н С Т Н Т С Ц Л Т
И Ц Ф Й К К А Т Ы Р О С И И У
Я И Т Я А К Ш У Б А Б Е П А С
Т Я З А Щ И Щ А Т Ь У А Р Е И
Р А З В Л Е К А Т Ь М В Р У Р
```

ОРГАНИЗАЦИЯ	ЯВНО
БЫТЬ	ВЫЗОВ
ПИЦЦА	ЗНАТЬ
ИНДЕЙКУ	КАРТИНКА
ЗАЩИЩАТЬ	ТАРЕЛКА
КРАСИВОЕ	ДОБРОВОЛЬНО
БАБУШКА	ПРЕДЛОЖЕНИЯ
ОБЫЧНЫЙ	КАУЧУК
ПАРКА	ЛЬЕТ
ИЗРАСХОДУЕТ	РАЗВЛЕКАТЬ

Puzzle 6

```
Л У Ч Ш Е П Р И Н И М А Ю Т М
И П Р Е И Ь А И О И Д Ь И И А
Б Г Р А Т Т У И И Е Т А Е Р Р
Ю Г О Я П Д Ф У И А В А Р П К
Л М Н Р О Я Я Л В А Т С О Е И
Т А О Г О Н Н И Т С И Е А П К
З Т И У М С Р М У Ж Ч И Н А О
Л И Р Т А А О С Р Е Д Н Е М Р
Б П И И В С М Н К Р А С К И О
Е А Т Е А Н И М О П А Н М И Б
П И Р А С С О Р Т И М Е Н Т К
О Е О П У С Т О Ш Е Н Н Ы Й У
П Н А К А З А Н И Е М Р С Т Ф
Е С Т Е С Т В Е Н Н О Е Л О П
```

КОРОБКУ	ПРАВА
НАПОМИНАЕТ	СРЕДНЕМ
ЗАНЯТЬ	МУЖЧИНА
КРАСКИ	ЛУЧШЕ
ПЕРЕВАРИВАТЬ	АССОРТИМЕНТ
ЕСТЕСТВЕННОЕ	ОПУСТОШЕННЫЙ
МАРКИ	ТИПА
ИСТИННОГО	ПРИНИМАЮТ
НОСОРОГ	НАКАЗАНИЕ
ЛЮБИЛ	ОСТАВЛЯЯ

Puzzle 7

```
А Ч Р П Ш Д И Ь Т С О Р Д Е Щ
Р Е Е М О Е И Н Е Д А П Я И Р
К Т К Р Е Н С С С У К О Ф О Т
Т В А Т А Ф Я Т Т Д Л Я В А Е
И Е Р У Е В Т Т Ь Т И Б А Р Г
Ч Р А У И Т С Р Ь В Л И Я Е Т
Е Т Н М Е Л Е Т А Г И В Д О А
С Ь Д Л Д А П А Р О Т И Н О М
К Т А П Т О П И И Я У О И У И
А Т Ш К Р А С И В О Х И Л Я О
Я И У И И Ц Н Е Р Е Ф Н О К И
Г О В О Р И Т Ь М М Т С У Н Т
Р А С С Л Е Д О В А Н И Е Л Л
О Т В Е Т С Т В Е Н Н У Ю М А
```

ЩЕДРОСТЬ	ФОКУС
ПОНЯТЬ	ПАДЕНИЕ
МОНИТОРА	ШЕСТЬ
ГОВОРИТЬ	ГРАБИТЬ
АРКТИЧЕСКАЯ	ВЛИЯЕТ
ДЛЯ	ТЕСТ
КАРАНДАШ	КОНФЕРЕНЦИИ
ЧЕТВЕРТЬ	РАССЛЕДОВАНИЕ
ВСТРЯХНУЛА	КРАСИВО
ОТВЕТСТВЕННУЮ	ДВИГАТЕЛЕМ

Puzzle 8

```
Н А Ц И И Е О П П У Т С Л С Ц
Г О В О Р И Т В О Е М И Л К В
О М П Ь Т И Ж У Р А Н Б О О З
Й О Н В О Н С О А М С У Т В Н
М Ы Е А Е А У И Д Р П Е П А А
Ф Р В М И П Е Ц О М В И Е Л Ч
Е А И И Р А В А В Ц С Е Р П И
Р Н Я С Р О Ь Т А Р Б Ы В О Т
О О П С Н Г Л А Л Е Д С П П Л
Р Л У И Е У И В О Н А Т Ш А К
У О Е Я Д О С Т А Т О Ч Н О У
И О Е Н П О С Е Д Е Н И Е М Е
С Л Т Н Я Т Е Н Е В О Е У И У
Д О Л Ж Н А У Г О Л Ь Т А Т С
```

ГОВОРИТ	УГОЛЬ
АВАРИИ	МИССИЯ
ПОРАДОВАЛО	ВЫБРАТЬ
КАШТАНОВ	ОБНАРУЖИТЬ
ИГРИВЫЙ	ДОСТАТОЧНО
СДЕЛАЛ	ДОЛЖНА
НАЦИИ	ТЕНЕВОЕ
ПОПЛАВОК	ЗНАЧИТ
ПОСЕДЕНИЕМ	ЦВЕТОВ
ОЛЕНЯ	ОСНОВНОЙ

Puzzle 9

```
А О И М С Л С О И Ф П А У П Ц
Л Т А Д Е У Ь Т И П И Р У О Е
Ь М А Е О Н Н Е Б О С О Й Р Н
Т Е С Б Т И Е Д М У У Н Ы Ы Т
Е Т К А У М Д Д Б Т П Л Н В Р
Р К Р Т Т А Л И Ж О Р Е Б И А
Н У Ы Ы П К О В Г Е И Н Е О Л
А О Т Ш У М П Л О О Р П Д Т Ь
Т Е Ь М А Р О Д Н О К Т А И Н
И А У Д И Т И И Н Т О У В О О
В Р Р Я И Н А Ч Л О М Т С Т Й
Н М Е Т А К О Й Ф О Р М А К М
О Е Ь Р А З О Р В А Т Ь Е М А
Е А О И Е А Т Н И Н И И Е И Е
```

ДЕБАТЫ	ШУМ
РАЗОРВАТЬ	КОНДОРА
СВАДЕБНЫЙ	ОТМЕТКУ
ФОРМА	ПОГЛОТИТЬ
МЕНЕДЖЕР	МОЛЧАНИЯ
КАМИНУ	ПОРЫВ
СКРЫТЬ	ЦЕНТРАЛЬНОЙ
ПОЛДЕНЬ	ОСОБЕННО
ПИТЬ	КУСКА
АЛЬТЕРНАТИВНОЕ	ТАКОЙ

Puzzle 10

```
И У К П П Н П Я Й М Р В Н И Н
М У Р О О А Р С Ы Н А О Е М С
Р Е У Л С П О И Н У Е С С У Г
А М Г О П О Е М Н Й М С Т З Р
З С Л Ж Е Л К И Е Ы О Т А Ы У
Р Н О И Ш Н Т Щ В Н Д А Б К Ш
Е З М Т Н Я Н Ю Т Н А Н И А И
Ш Ф У Ь О Т Л А С Е Т О Л Л С
Е Г Т Б С Ь Р Д Б Ц С В Ь Ь Г
Н У Т П Ч У Т Ы О О Л Л Н Н О
И С С С К А А В С Г К Е Ы Ы Р
Я Ь Е К Т С Т А В А И Н М Й Е
И Ц А И Т Д Я А М Р А И А Л Т
С Н О В А Р Р Л Я Д С Е У Б Ь
```

БАНК	МУЗЫКАЛЬНЫЙ
ВОССТАНОВЛЕНИЕ	СНОВА
СГОРЕТЬ	ПОЛОЖИТЬ
ГУСЬ	СОБСТВЕННЫЙ
НАПОЛНЯТЬ	ПОСПЕШНО
КРУГЛОМ	РАЗРЕШЕНИЯ
ВЫДАЮЩИМИСЯ	АККУРАТНО
ЗУБЧАТАЯ	ПРОЕКТ
НЕСТАБИЛЬНЫМ	ГРУШИ
СТАДО	ДРАГОЦЕННЫЙ

Puzzle 11

```
Р А Д О С Т Н О И Р У Е Г Й Е
С Б Е Д Н О С Т Ь О Е Р Р Е У
П Х О Р О Ш О Е Т Е А Т А В Х
О Д О М А Ш Н И Е К А П В А С
С А К Д А Р О Х И Л У А И Р У
О Т И У Р Я А Н Ь Л О Б Т У Ф
Б О П И Т Н В П А С Л П А М П
Н О О М Р А Д Р Р А Ы Н Ц И У
Ы Т И М Л И У И К О М С И Т С
Й У Н П Т Г Н Р И Н М Н Я М В
Д Р У З Ь Я О Л Е Д З А Р О Е
Р С Р Е И Б Х Ы Н Т О В И Ж Ж
У А Л Б С С В Д Н Т К С П Н И
П О Д С Н Е Ж Н И К И А Т С Й
```

МУРАВЕЙ	ЛИХОРАДКА
ХОРОШО	ЖИВОТНЫХ
ДОМАШНИЕ	РАЗДЕЛ
ПЛАВНИКА	ХВАТАЕТ
БЕЗ	ФУТБОЛЬНАЯ
ГРАВИТАЦИЯ	ДРУЗЬЯ
СБОРКА	СПОСОБНЫЙ
ПОДСНЕЖНИКИ	АКТЕР
МЫЛО	РАДОСТНО
СВЕЖИЙ	БЕДНОСТЬ

Puzzle 12

И	Д	С	С	С	Ц	И	Е	Т	С	Т	Е	П	К	У
Ф	О	В	Э	М	С	П	Н	С	И	Н	З	О	О	П
У	Г	Р	Е	И	И	И	И	И	У	Е	Д	В	Г	О
Л	А	Д	И	Д	Е	Р	И	Н	И	П	И	Т	Д	М
И	Д	Т	Р	Н	А	Е	Е	Н	Е	У	Т	О	А	И
Ж	А	А	Т	Й	А	С	А	Н	О	Т	Ь	Р	Н	Н
У	Т	Д	Е	Т	М	Ж	С	Н	Н	Р	Е	И	И	А
Р	Ь	Р	Х	Ц	Р	П	А	У	У	У	М	Т	Б	Т
А	С	Е	Ы	Е	Н	Е	С	Т	И	И	Ю	Ь	У	Ь
Н	Я	С	Д	Е	Е	Р	А	В	Н	И	Н	Ы	Д	И
Б	В	О	Т	С	И	Л	П	Д	С	Т	О	С	Ь	А
О	С	Т	О	В	Т	С	Й	О	К	О	П	С	Е	Б
Е	М	Е	З	А	К	А	Т	Т	В	М	С	Е	М	И
И	Я	Р	М	Е	Х	А	Н	И	К	И	Н	Й	А	Ч

УПОМИНАТЬ   ЛИСТОВ
ДОГАДАТЬСЯ   ЕЗДИТЬ
БЕСПОКОЙСТВО   НЕСТИ
РАВНИНЫ   САЙТА
МЕХАНИК   ОБНАРУЖИЛ
АДРЕС   СОДЕРЖАНИЕ
ДАЛ   СЭРА
ЧАЙНИК   ОТДЫХ
КОГДА-НИБУДЬ   ПОВТОРИТЬ
СМИРЕННУЮ   ЗАКАТ

Puzzle 13

```
С  З  Е  Е  А  С  А  Г  Я  Т  Е  Х  О  Е  М
Н  Е  М  А  С  К  И  И  Е  Р  Е  Е  Д  Н  И
Е  М  У  Е  П  М  Н  А  И  Н  Т  Д  И  У  И
Г  Л  Р  С  О  А  Ж  У  О  Т  С  Ж  Н  В  Р
О  И  Е  М  Д  А  В  С  Е  Г  О  И  О  В  Л
В  И  Л  А  Р  Б  О  Л  Ь  Н  О  Р  К  З  Й
И  А  Р  Т  А  У  Г  Е  Т  Е  Е  О  И  Я  Ы
К  Т  О  О  П  А  Е  Д  В  О  Р  В  Й  Л  Б
С  М  О  Х  Ы  М  Е  А  В  Ы  Т  А  В  Х  О
С  К  Л  О  Н  Н  О  С  Т  Ь  М  Т  Т  Е  С
Н  А  П  Р  А  В  Л  Е  Н  И  Е  Ь  У  Р  О
И  С  П  О  Л  Н  И  Т  Е  Л  Ь  Н  Ы  М  О
С  Е  Н  С  О  Р  Н  О  Г  О  С  С  М  Т  У
Р  Е  З  У  Л  Ь  Т  А  Т  А  Е  Т  Е  Л  Е
```

ОХВАТЫВАЕМЫХ	СНЕГ
ИСПОЛНИТЕЛЬНЫМ	СНЕГОВИК
ЗЕМЛИ	ОДИНОКИЙ
РЕЗУЛЬТАТА	СТРАДАНИЯ
НАПРАВЛЕНИЕ	ВЗЯЛ
СЕНСОРНОГО	ОТРАЖАЕТ
ЕГО	ОСОБЫЙ
СКЛОННОСТЬ	ВСЕГО
ДВОР	ХЕДЖИРОВАТЬ
МАСКИ	БОЛЬНО

Puzzle 14

```
В У Е Ы Н Ь Л А В Е Ц Н А Т З
Р И Д А Т Ь Т С О К Г Е Л Е А
Е И З К Н И Г И З Т И И У К П
М Ь Е У С Е И Н Б П Е Н Н И У
Я Л В И Р У Т И У А О Е П Н Т
Ж Е Л У Д И И К Ж О В Щ С Ь А
И Т У У У М Е О Д Ц С О Ц Л Н
У О А С Л И С Г А Е Т Г С Е Н
А М А Л Н У М Д Е Н А У Л Д О
В Е Р Х Н И Й А М К Л И Р Е Г
С Е Д Ь М О Г О О У А С Т Н О
Б И О Л О Г И И Г Е Н Ц С О Е
Н О И С Т И Д С О С Т Л Е П О
А М Е Р И К А Н С К О Е Е Е Е
```

СЕДЬМОГО	ЖЕЛУДИ
ОЦЕНКУ	МОТЕЛЬ
ЛЕГКОСТЬ	ВЕЗДЕ
АМЕРИКАНСКОЕ	ВРЕМЯ
ЗАПУТАННОГО	ТАЛАНТ
ВЕРХНИЙ	КНИГИ
ТАНЦЕВАЛЬНЫЕ	ПОНЕДЕЛЬНИК
ВОЗБУЖДАЕМОГО	УГОЩЕНИЕ
БИОЛОГИИ	НИКОГДА
СОВА	ПЕННИ

Puzzle 15

```
Б  Ы  Н  Ж  Л  О  Д  Е  И  Е  Т  О  П  У  П
Н  Д  Е  М  Е  А  Д  И  П  М  Е  Д  О  И  Т
С  Т  Д  О  Н  Р  Ц  Л  У  И  Х  У  К  С  И
И  Д  Е  С  У  И  М  У  К  А  Н  Р  У  Л  Н
А  П  Л  А  Б  М  У  Х  И  Т  О  А  П  Н  И
К  П  Я  М  Н  Д  Ф  А  М  И  Л  Ч  К  Б  У
О  Я  А  Ш  Ь  Л  О  Б  И  Т  О  И  И  Е  С
Ч  Л  Е  Н  О  В  Е  С  К  Е  Г  Т  О  З  Т
А  С  У  Т  П  Д  У  Н  Т  Л  И  Ь  О  У  Р
Н  С  Е  М  М  О  У  А  Р  И  И  Л  Н  М  А
З  И  Е  М  Р  П  Н  И  А  Р  Г  М  А  Н  Д
З  А  Б  О  Т  И  Т  Ь  С  Я  Н  А  Р  Ы  А
Э  К  С  Т  Р  Е  Н  Н  О  Г  О  И  Ю  Й  Т
О  С  Е  Д  Л  Ы  Й  И  И  О  Н  М  Е  Т  Ь
```

СТРАДАТЬ	ОНА
ДОСТИГАЮТ	ЧЛЕНОВ
ПУНКТ	ЭКСТРЕННОГО
НЕДЕЛЯ	АМБИЦИИ
МУКА	БЕЗУМНЫЙ
МУХИ	ТЕХНОЛОГИИ
ПОКУПКИ	ОСЕДЛЫЙ
ЗАБОТИТЬСЯ	ОДУРАЧИТЬ
ЛЕТ	ДОЛЖНЫ
БОЛЬШАЯ	ЗНАЧОК

Puzzle 16

```
П О Р О Ш К А У М Ь М Ь Т Л В
П Е Р И О Д А Т Ч Т М Т Ц А Е
Е А З А Г А Д К И И Р И Н Е Л
Е С О Н И У У Е Л Т Т Р Ж Я О
И Т Т О Н Т Ц Д И С У Е Я Т С
Т Н И З Д П П Ю О У О В Л Р И
В Т Е Е С У П Л У П Р О П Я П
Р Т Р С Т Т Н Б Е О У Р Р Н Е
И М Е Ю Щ И Е Р Л Р Ч П И Л Д
В А Р И Т Ь А Е Ф П А И Х А Т
С С С Р О Ц У В У У С О С С О
Е Т Р Е И О Ф Н Т И Т У О Т М
О А Р И О П И Е У Я И И О И А
Н А Д Е Ж Н А Я И Т Е И М К Т
```

ИМЕЮЩИЕ	ИЛИ
НАДЕЖНАЯ	ЗАГАДКИ
ТОМАТ	ПЛЯЖ
ВЕЛОСИПЕД	ФУТ
ЛАСТИК	ВЕРБЛЮД
СЕЗОНА	ПОРОШКА
ПРОПУСТИТЬ	ОПЕРАЦИИ
ПЕРИОДА	ПРОВЕРИТЬ
ВАРИТЬ	УЧИТЕЛЯ
ХОТЯ	УЧАСТИЕ

Puzzle 17

```
Р И А А М У У Т С Я У И З И О
А Л У Р А Т Ж Т Т С О М А З Б
Т О Д Е А У М А К И М Е К Д Р
С К Е Н У Т С О С Ы С Т Л Е А
Е К М У В С Б Л И Н У Ь И В З
Р О Н Р О Т У М Н И О А Н А О
К Р К Р И К И И Р З У Й А Т В
Н Б П О М О Щ Ь Е Р П Т Н Ь А
П О С Т О Я Н Н О О М Д И С Н
Л В Й Ы В И С А Р К И Т Е Я И
П Р И Г О Т О В Л Е Н И Я С Е
З А П Р О С И Т Ь М У Ф И А Т
З Е Р К А Л О С Е М О О Т Д А
Ц И Р К У Л И Р О В А Т Ь М Т
```

ИМЕТЬ	ЗЕРКАЛО
ЗАПРОСИТЬ	САД
КОРЗИНЫ	КРАСИВЫЙ
ОБРАЗОВАНИЕ	БОКСУ
УЖАСНОЙ	ПОМОЩЬ
ИЗДЕВАТЬСЯ	БРОККОЛИ
КРИК	МУТОРНО
ПОСТОЯННО	ЗАКЛИНАНИЕ
ПРИГОТОВЛЕНИЯ	ЦИРКУЛИРОВАТЬ
КОМНАТУ	КРЕСТА

Puzzle 18

```
О Ж Т М Е Д Л Г О К Т О П М С
Н С И Т Е Е Е О Б И А Д О Ч П
У И Н В У Н Е В Щ Ч И И Д У Е
У П Н О А Т И О Е З У Н О В Ц
Ь В Т Е В Я Б Р С А О Н Б С И
Е Е Е Х И Н Ц Я Т К А А Н Т Ф
Ж И Л И А Р У Т В С У Д Ы В И
К Л Ю Ч Г А И Ю О С З Ц Х О Ч
А Ы О Я О М Й Л А А К А Р В Е
Т Б У Р А Е И О И Р А Т О А С
И И О О Ф Т К Р А У Я Ь М Т К
И Р Н Г Ь Т Б А Р И Р С О Ь О
С П Ь Т А Т О Б А Р У М Л Е Й
Е П М Т М О Р О Б М А Н У Т Ь
```

РОБКИЙ
ЧУВСТВОВАТЬ
ОДИННАДЦАТЬ
ЖИВАЯ
ГОВОРЯТ
СПЕЦИФИЧЕСКОЙ
УЗКАЯ
ГОРЯЧИХ
КЛЮЧ
РАБОТАТЬ

НАСОЛИТЬ
ОБМАНУТЬ
ВЕТВЬ
ОБЩЕСТВО
ПОДОБНЫХ
ОСНОВНУЮ
ТЕМА
ПРИБЫЛИ
РАССКАЗЧИК
ТАКЖЕ

Puzzle 19

```
Л У З Е Л Е П Я Н О И В М П М
Р В А Н О Т А Е У Е У О Н О У
У Д П М С Т П М Р А Ш Н У Ь Д
Е А Л Ы Й Л Л Е У В Е С Т У Р
С Т А Н О В И Т С Я Ы А У О О
Г И И М Н Б Ч М О О В Х Н Е С
О Н Р Е Н Л У С Л Ы А Н Л У Т
Л И Е Т О Е А О Т У А Т Е И Ь
О Ж Т Ш Р С Н И В Г У Е Е Ц Е
Д Е А А О К Ч И У Ч Е Т К И Е
Н О М Г К С Т П Б Р О С И Т Ь
Ы С И А Д Ф С Т Е Р П Е Т Ь Н
Й М Ц О Е И О Б Р А Т Н О Й Т
О Т П И З Н О Ш Е Н Н Ы Е Е Л
```

ПОДСЧИТЫВАТЬ	НИЖЕ
БЛЕСК	ШАР
БРОСИТЬ	МАТЕРИАЛ
ИЗНОШЕННЫЕ	МУДРОСТЬ
УЗЕЛ	СТАНОВИТСЯ
ОБРАТНОЙ	ЧЕТКИЕ
ТЕРПЕТЬ	ИСПУГАННО
ГОЛОДНЫЙ	ТЕМНЫМ
НАУЧИЛ	КОРОННОЙ
ШАГА	ПЕРВЫХ

Puzzle 20

```
И О Р С Д Й А М Е Т В Л Е Р К
И М П У Р Ы В И И И Р С Е Ь Е
О Г Р О М Н А Я Т И О М Л Т Н
У И Л М И Ж М О В О И Д У И Г
Ф И Л Ь М Ю Р К Р Ы Ш К И В У
Т М Т И О П Т О О Т Р У О А Р
О Т Р А В Л Я Ю Щ И Й Р Р Т У
П О Л И Т И К И У Н Т Н Р С Т
Ц О Д И Н О Ч К У С Д Н А Д Е
А Е А У Л Т Е П О Н И Щ Н Е Ж
У К Н И Р Е Ч Е В Н С Т С Р Р
И Е Е Т С О Б Ы Т И Е И А П Е
А К Ш У Р Т Е П Н И Е М М Ц П
П Р Е Д У П Р Е Ж Д Е Н И Я А
```

СОБЫТИЕ	ЮЖНЫЙ
ПРЕДУПРЕЖДЕНИЯ	ПРЕДСТАВИТЬ
ВЕЧЕРИНКУ	ОСТРОВ
ОТРАВЛЯЮЩИЙ	ПРОТИВ
ЦЕНТР	ФИЛЬМ
КЕНГУРУ	ПЕТРУШКА
ОДИНОЧКУ	ПОЛИТИКИ
ЕДА	КРЫШКИ
САМ	РЕПА
ЖЕНЩИН	ОГРОМНАЯ

Puzzle 21

```
О Ф Ф И Е Т У П О И Т М Е К Л
Т Л Е Л И А Л Е Р С Р И И Р Р
Ч У Л П Н С И Т К И Л Ф Н О К
Е Й И Т Е Р Т А С И Х А А М А
Т С П Т Н И К О М Р Л О Е Е У
В Я И Н Е Ж А Р Б О З И Д М А
П Е Ц М М И Т У Г У Е П А И В
И Д Р Е З В Р Ч О У В Ц А И Т
М У О Т И О А Е И Е О И И М У
П И У Т О Й К Н М Е П А У О Е
О Ф П У Е Л О Ы М У Ж Ч И Н Ы
Р А Е П И С Е Е Р Р М Р Ц И С
Т У Д У Б Х Ы Т О Л О М О В Л
Ф П У У Т А К В А Т С О П И Л
```

МОЛОТЫХ	ВИНО
КАРТА	ВЕРТОЛЕТА
ИВОЙ	ИЗОБРАЖЕНИЯ
УЧЕНЫЕ	МУЖЧИНЫ
КРОМЕ	ТРЕТИЙ
НАЛОГ	ПРИХОДИТ
ПОВЕЗ	КОНФЛИКТ
ИЗМЕНЕНИЕ	ПОСТАВКА
ИМПОРТ	БУДУТ
УЛИТКА	ОТЧЕТ

Puzzle 22

```
Л Н Р А У С Л О В И Я О М П К
М А И Р Ц А Б У Г О О Т А Р Р
Т С Е Б Т Й Л Н Н М Ф П Л А У
В И Л У И А Я С М И У Е Е В П
Т Л Л З Н Л У Н Н Ы Й Ч Н О Н
Е И Ф Р Ч Е Р Е З Р М А Ь П Е
М Е У С В И Т Е Р Р О Т К И Й
Н Ж С О К Н Т Т А Е Т К А С Ш
Р М И Р В Д С Е Л Р Р А Я А И
А К Т Ф А Е Е О Т Ь Л А П Н М
К Н Т О Д Л Н И Л Р Р У Н И И
Л Е Т А Р С Н Е А Д Е И Е Я Р
И А Е О А О И И О О А П Т Т О
В Е С М Т П Р А Ц И Н Т Я П М
```

НАСИЛИЕ   РОС
ПОСЛЕДНИЕ   УСЛОВИЯ
КРУПНЕЙШИМИ ПЯТНИЦА
ЖУРНАЛ   ЧЕРЕЗ
АКТ   КВАДРАТ
ЛУННЫЙ   ЯЙЦА
СОЛДАТ   ВИЛКА
ПАЛЬТО   СВИТЕР
ОТПЕЧАТКА   МАЛЕНЬКАЯ
АРБУЗ   ПРАВОПИСАНИЯ

Puzzle 23

```
А Э У М Н Ы Й Р Е С У Р С Л Р
Т Л Т Ю А Ч У Л О П И Е Л С Р
И Р Т А Л И Ш Е Р О Т В А Т Е
Ь М Е С П О Е Л Е М Е Т М О Н
Т Т А Т Ь Л У З Е Р М О У М Т
А У Я К У Л Ь Т У Р Н Ы Й А М
Т Ф Е Л Д Н Т И М Й У Е Т П
О Н К О Е М Е А А Л Ы У Р О О
Б Ф Н М П Р И С У Н В Р П Л Л
А У Е Е М Ы Т Н Е Ц О Р П О Е
Р Е Г И О Н З С А П З А У Г З
А Д И М А И Р Н Т Е О И О Н Н
З Г А Л О П О М А О Р И У Е О
Т М С О А И Е И Р К Л О Л У Е
```

ОКНО	РОЗОВЫЙ
АВТОР	ПОЛУЧАЮТ
СТРЕЛЯТЬ	ПРОЦЕНТЫ
ЗАРАБОТАТЬ	РЕЗУЛЬТАТ
ГДЕ	СТОМАТОЛОГ
СЕМЬ	ЗНАК
УМНЫЙ	ПОЛЕЗНОЕ
РЕШИЛА	РЕГИОН
РЕСУРС	ГАЛОПОМ
КУЛЬТУРНЫЙ	ЭТАП

Puzzle 24

```
О Т Ч А Я Н Н Ы Й Ь Ш О У А Е
В С А Т С П Е Б Л А Е Т М М Р
Т Т Р У О И А Е М В Л Л Е Т О
Е Т У Р Р Е Д Г А Т К К Т К Е
Т Н Т У У О Р И К О О О Е А Т
Ш К А Ф М Т Ф Г С М В М П М Н
К С Р В Т Р М А И О И П Е Е М
Р У Е Ы У О Н Н М Б С А Р Н Е
А Х П Х Ч А С Т А И Т Н Ь Ь Ы
С О М О А У Е С Л Л Ы И Е М Д
И Й Е Д Д П А К Ь Ь М Я Е О З
В Н Т Н А М Н А Н И М Т О С Е
А И А Ы З И Ф Я А Н Р Е Ч А В
Я Т Т Е И А Р Т Я Я Н М Н Н З
```

ШЕЛКОВИСТЫМ	ШКАФ
МОДЕЛЬ	ЛЕТО
ТЕПЕРЬ	ВЫХОДНЫЕ
КОМПАНИЯ	МАКСИМАЛЬНАЯ
СУХОЙ	ЗАДАЧУ
КАМЕНЬ	АВТОМОБИЛЬ
ТЕМПЕРАТУРА	ТЕМЫ
ОТЧАЯННЫЙ	ЗВЕЗДЫ
КРАСИВАЯ	ГИГАНТСКАЯ
ЧАС	ЧЕРНАЯ

Puzzle 25

```
Е А У О Н О Г Р У Ф А Д О Т Е
У И И С Т О А Т У О И И А Н Д
Т П М В Д Е Р Р Л К Р Т М И Е
С М Е Ш А Й Т Е Ь Н А Б О Р А
Т Т Р Т Л Р Е Л Т Р Р И Е И
И И К Т К Е У С У Б Б О Т Ы О
З Л И Е В С В Ы П У С К Н И К
А П О Г О Н З О И Г И Л Е Р И
П О Е С О С Т А Н О В И Л С Я
И З Р Р Л И С А Е Е С Н Е Д У
С Ж Н О Ж В Е Щ Е С Т В О Р Ф
Ь Е О Т З Ы В А Т Ь У Н Т И И
Д В И Ж Е Н И Я Р Д А М Ц А Е
Т Е А Т Р А Л Ь Н Ы Е О Т П Н
```

СОСУЛЬКИ	ФУРГОН
СМЕШАЙТЕ	ЗАПИСЬ
РЕЛИГИОЗНОГО	ЛИСА
ВЫПУСКНИК	ТЕАТРАЛЬНЫЕ
ОТВЕТ	НАБОРА
ОТЗЫВАТЬ	ОСТАНОВИЛСЯ
КРЕМ	ВЕЩЕСТВО
НОЖ	ВКЛАД
СУББОТЫ	ПОЗЖЕ
СОЛИ	ДВИЖЕНИЯ

Puzzle 26

```
Х Т Д Е Е Е Т Ф У Т С П П Н А
Р Н А С М Е Ш К А О П О О Ф Д
А В И Л Ж У Л С У Ч И С Л А Т
Б П У Й О Б Ю Л П Н Н М О У А
Р У С М И Б Л Н В О А Е Ж И П
А К С О Д В Е В У С В Я Е З О
Я О Т Н А С Ш Д М Т Е Л Н В З
Л О Р О Е Н О И Е Ь Л И И И Д
Е В М С Т Р П П Ч Н С С Е Н Н
Ф И Н А Н С О В О Е Н Ь Т И И
В И Т А М И Н Ы П Е Р А А Т Й
И С С Л Е Д О В А Н И Е Я Е О
Е Я Д Е Я Т Е Л Ь Н О С Т Ь У
П Р О И З В О Д И Т Ь Т Е Ц С
```

ИЗВИНИТЕ
ХРАБРАЯ
ОБЕДЕННАЯ
ПОШЕЛ
ПОЗДНИЙ
НАСМЕШКА
СПИНА
ВИТАМИНЫ
УСЛУЖЛИВА
ЛЮБОЙ

СЛЕВА
ПРОИЗВОДИТЬ
ПОСМЕЯЛИСЬ
ДОСКА
ПОЛОЖЕНИЕ
ДЕЯТЕЛЬНОСТЬ
ИССЛЕДОВАНИЕ
ФИНАНСОВОЕ
ПОЧЕМУ
ТОЧНОСТЬ

Puzzle 27

```
Т С Т И У Р Б А З О В О Г О М
С Р К Л Е Н И В О Г О Т У А О
М Д У Ж И В О П И С Ь Е И Т Т
Е У С Д Р М Т И К Т Е Л К Б Ы
Х М Р И А М Ф И Ю Н Е Е О И Г
О А А Т Ч Е М И Р И А А Е О И
Т Ю Б Ц Т П И Г Б М Т А О А Н
В Щ Р П О Ж А Р Н О Г О Н Т К
О А Е У О А Т Е Ф Н О К О Е Р
Р Я Е Р Ч О Я Н В О Р У Р Т А
Н И Р Р Н Н Е Э Т С У О Ц И П
Ы В Е В У М Ы О И И Х И П М О
Е Е Р М С Р Р Х Н С И Д С О О
В И Р Т У А Л Ь Н У Ю Е М К З
```

ВИРТУАЛЬНУЮ	ЛЕНИВОГО
ТРУДА	РУЧНЫХ
ЖИВОПИСЬ	УРОВНЯ
БАРСУК	МЕЧТА
СМЕХОТВОРНЫЕ	КОНФЕТА
ХОРЕК	ЗООПАРК
ЭНЕРГИИ	ПОЖАРНОГО
КОМИТЕТ	БАЗОВОГО
МОТЫГИ	ДУМАЮЩАЯ
КЛЕТКИ	БРЮКИ

Puzzle 28

```
П Л А С Т М А С С О В О Й Т О
С Т Х Б О Л Т А Т Ь С Я Е Р Ф
М Е У О А Н Н Е Е В Б В А А И
П Е С И У И Т М Н Т Ы А Л Д Ц
М Щ А И А Е Е К Т Л И К Б О И
Е У З С Т И О Р П Е У В О В А
П Д У Е И Р Т С И К И П Л Е Л
Г У С Т О Й В О Ф И С Е Е Р Ь
Е Б Ц Л К О Н Т А К Т Т З Е Н
И Т Е Н Г Н И Р Т Л И И Н П О
П В Л Ь Н Т М В А У О М Ь Р М
А Ш А Ч Т А Р Р А З Л И Ч И Е
У С П О Т Н Е И Н А Н З Н С И
И Ф Е Н И М Т Т Л А Н Г Е Л С
```

ЧАША	БОЛЕЗНЬ
ПЛАСТМАССОВОЙ	РАЗЛИЧИЕ
КОРОЛЕВА	ОФИЦИАЛЬНО
ЗНАНИЕ	НОЧЬ
ВСПЛЫВЕТ	КОНТАКТ
ГУСТОЙ	ТЕРМИН
ОФИС	ПАЛЕЦ
БОЛТАТЬСЯ	АНГЕЛ
ЗАСУХА	БУДУЩЕЕ
КУКЛА	ПЕРЕВОДА

Puzzle 29

```
М О Ж Е Т Т Н У Л Я Й М Т У А
Ш Н У С М Л К И А И К Р О Б С
О О Е И О И Ю Н Р О Т К А Ф О
К В С У Л Н Р А В Т Е С А С П
О О В Т Е Я Т Р Р Л Л Е И К Е
Л С Ф Т Л Н И Р М Е О И И Р Р
А Т М У Е Н А Ш Е Й М Н Ц О Н
Д И П М И Т Н О Л И Е А Е М И
А О М Э Ф Ф Е К Т Ш Е В К Н К
П О Е Л Ф У Ц И Р О К А Т Ы А
К К А Ч Е Л Е Й А Р Б Л А Й Н
Е К О Т Е Н К А Ц О Л П Р У Ф
Е И С Н Т Т У А Т Х Н С И Е У
С С У Р П Н У Ж Д Ы С О Р У М
```

РОСЫ	СОПЕРНИКА
ЭФФЕКТ	НАШЕЙ
СКРОМНЫЙ	МОЖЕТ
ХОРОШИЙ	ПОПУЛЯРНАЯ
КОРИЦУ	ШОКОЛАДА
ФАКТОР	НУЖДЫ
СБОРКИ	ПЛАВАНИЕ
КАМЕРА	КАЧЕЛЕЙ
КОТЕНКА	ТРЮК
НОВОСТИ	КОММЕНТАРИЙ

Puzzle 30

```
А Ц И Т Е Р П Е Л И В Ы Й Д А
Т И С У А Б Е Р Е Г А Е О О И
С У К П Л О Т Н О Г О О Е И А
К Р О Ш Е Ч Н Ы Й Л Н У У Д М
Н С Н Н И У Б Е Д И Т Ь Н И Е
А П Ы И Н П О К С Е Л Е Т Г Б
В А Р Н А Н О Т И И Р И Е Р Е
Ы Л В У Д С Ф С У А О С С Ы Л
К Л А Т З П Л И В У О А Р Р Ь
О О С С Л Н А З И Я С И И Е Н
В К Ф М С И Г И Р П Т Р У С Ы
М Т Р Л У О Е Р Т Р У И И Т Й
М Е О С Д Е Л К У Т М О Т Ь Ф
О Б С У Ж Д А Т Ь Р А С А Ь Н
```

ЛАССО	ОБСУЖДАТЬ
УБЕДИТЬ	ТЕРПЕЛИВЫЙ
ПОСВЯТИТЬ	МЕБЕЛЬНЫЙ
ЕСТЬ	КРОШЕЧНЫЙ
СДЕЛКУ	ПЛОТНОГО
ИГРЫ	КРИЗИС
ТЕЛЕСКОП	ФЛАГ
НАВЫКОВ	РЫНОК
КОЛЛАПС	БЕРЕГА
АРЕНДА	ЗДАНИЕ

Puzzle 31

```
Й Ы Н Ь Л А Н О И Ц О М Э Л Е
С У Ш Е Д Ш У Ю У Я Р У С Е Е
О П Т М Н И В К З С Т С А Д Н
В П С Т П Л И У Р Е У К О И Т
Р У О И И Р Е Т А М М А Б О Е
Е О П К Т И И Р Ч А А Т О А Е
М Е Е Т И Е У А К С Ь Н Е С О
Е М И С И Н Н Ф О С Л Ы У У У
Н В Н Р И Е У В М Р Г Е П Е И
Н П Т Д М Р Ч Т У Е У Л И Т Е
О О М И П Е М О Ь Д Я Л Г З В
Е С С Т Р В И Б Н Н П Е Е Е С
Р О Б А З У А М С Я Л О П Т А
Л Ж Е Н Щ И Н А В Я Е Л Н У Т
```

ЭМОЦИОНАЛЬНЫЙ	ВЧЕРА
ФАРТУК	ПОЛЯ
ОСЕНЬ	ВЗГЛЯД
МУСКАТНЫЕ	ЛЕДИ
МАТЕРИИ	ЗАБОР
ЖЕНЩИНА	СРЕДНЯЯ
УВЕРЕН	МЕСЯЦ
ОБА	ПОКИНУТЬ
УШЕДШУЮ	ЛОСИ
ЗРАЧКОМ	СОВРЕМЕННОЕ

Puzzle 32

```
Е  И  М  Л  У  П  З  П  Р  И  Н  Е  С  Ф  Т
С  Р  А  И  П  А  А  М  Т  О  Е  М  С  Н  К
У  Т  Г  Е  И  У  Я  Ф  У  Ф  О  Д  А  П  У
У  С  Р  Р  А  К  В  Н  Ь  Е  Е  И  Н  Е  З
П  Р  Е  С  С  Л  У  П  Л  Р  Т  А  Л  Н
Р  Е  Л  У  Е  М  Е  Н  Т  А  Э  У  Н  Ц  Е
С  Н  Е  Т  Е  Е  Н  Д  В  С  Т  И  А  И  Ч
Л  Ю  Б  Я  Ы  Й  И  Ж  О  Х  О  П  Е  Н  И
А  Ц  И  Н  Ь  Л  Е  М  Т  Е  В  П  Р  Ж  К
И  П  Р  С  В  О  Б  О  Д  А  И  Т  Т  О  С
И  И  Л  И  Т  О  Е  У  М  Ж  С  Р  Н  О
М  О  П  Р  О  С  Т  Р  А  Н  С  Т  В  О  Н
И  З  М  Е  Р  Е  Н  И  Я  Ф  Р  Л  А  И  М
С  О  Е  Д  И  Н  Е  Н  И  Я  Е  О  И  О  Е
```

ЖИВОТ	ЗАЯВЛЕНИЕ
КУЗНЕЧИК	ПРИНЕС
АНАНАС	ПРЕСС
МИРНЫЕ	ВАРИАНТ
ПРОСТРАНСТВО	СОЕДИНЕНИЯ
ЭЛЬФА	МЕЛЬНИЦА
НОЖНИЦ	НЕПОХОЖИЙ
ИЗМЕРЕНИЯ	СВОБОДА
ПАУК	ЛИТОЕ
НЕТ	ЛЮБЯ

Puzzle 33

```
М  М  Ч  Т  Й  С  А  М  О  Л  Е  Т  Й  П  С
М  Ж  Е  Л  Е  У  С  О  Р  Е  М  М  И  У  К
Б  И  М  О  Ч  А  С  О  Ы  Б  А  Р  К  Т  О
А  Т  Е  У  Р  И  Ж  Н  А  Р  А  Р  С  Е  М
Р  И  Н  Р  Е  У  Ч  Н  Е  У  У  Е  Е  Ш  Б
Л  И  С  Е  Е  И  И  Д  Н  И  С  З  Ч  Е  И
О  И  Н  М  Н  И  Ь  С  И  П  Ь  И  И  С  Н
Б  О  Т  Б  К  К  Т  И  Т  Т  Д  Р  Т  И
Т  Г  У  О  А  Т  У  У  И  Н  И  Е  Т  В  Р
Е  Л  Е  С  К  Ц  С  С  У  Т  П  Н  К  И  О
К  О  С  Л  А  У  О  Р  С  О  У  Т  Е  Е  В
С  Д  П  Т  О  Р  И  Р  И  Н  К  Е  Л  Т  А
А  Е  Н  У  П  О  В  З  Я  Т  О  У  Э  О  Т
Б  Р  И  С  М  А  Р  К  Е  Р  П  И  С  Ф  Ь
```

КРАБЫ	МЕЧ
РЕДЬКА	БАСКЕТБОЛ
КАКАО	КЛУБНИЧНЫЕ
СПРОСИТЬ	ЧЕЙ
БАР	САМОЛЕТ
КУПИТЬ	ПУТЕШЕСТВИЕ
АРАНЖИРУЕТ	МАРКЕР
СКОМБИНИРОВАТЬ	ДОЛГО
ЭЛЕКТРИЧЕСКИЙ	РЕЗИДЕНТ
ЖЕЛЕ	ВЗЯТО

Puzzle 34

```
Т С С П Н Г С Е Л К О Л Ь Ц О
Е С Л Л Н М О Ц П Р У Е Л У М
Г Р Е Б Е Н Ь Р Е Р О Н О М М
В Н Е З А П Н О Д Н М С Р Л Е
Е А Е С И Я Т К Й И А К Ш А Ч
Ь Т И Н А Р Х О С Л Т Р Р Е Ф
П Н М Р И Т Ш Д Л Е М С И М Т
Е Е И И Н Ь Т Е А Д Е Е Я Й Р
С И Е Т Л Ы М Р О Ф С Е Н Ф К
Н Л Е О Е С П П Е Т А Р О Е Р
Я К Б Т Р Е У Г О Л Ь Н И К Ы
Е Е М Н О Г О Р А З О В Ы Й Ш
Н Р О Ж Д А Е М О С Т И У Р К
П О Л И Т И Ч Е С К А Я Т П А
```

РОЛЬ	ТРЕУГОЛЬНИК
КЛИЕНТА	СОХРАНИТЬ
НЕБОЛЬШОЙ	ГОРДИТСЯ
МНОГОРАЗОВЫЙ	СЦЕНАРИЙ
КОЛЬЦО	РОЖДАЕМОСТИ
ЧАШКА	ГРЕБЕНЬ
ФОРМЫ	КРЫШКА
ЛЕД	ПЕСНЯ
ПОЛИТИЧЕСКАЯ	ВНЕЗАПНО
ТАМ	ПРЕДОК

Puzzle 35

```
И Т У Г Ш Е А Т У Ф У Р Р В У
С Г Д И Е М О Л Л Ь И О С И Л
Н П У Ф С Е В И И Т Д Р К Д У
И Е С И Т И Т М А И О Е О Е Ч
В С Ж Т Ы А М З Р Л Ж Л Л Т Ш
Т И И Н М И О О А Е Е Ь Ь И
Е С Т Т О Р К Т П Д Л С Ж И Т
П Ц И Л Г Е Е Т В Е А К Е Е Ь
А Р Ф У К О Ф Е М Р Н А Н А Б
Т А Б Л Е Т К И Т П И Т И М Н
О И Д Е М Г Е Т У О Е И Е Ц У
Н П Ы О Б Е С П Е Ч И Т Ь В Ц
И М М Ч У Л О К В П М И Р Р А
С К А М П А Н И Я И Е Т А С О
```

ВИДЕТЬ	РОТ
ЖЕЛАНИЕ	БАНАН
УЛУЧШИТЬ	ОБЕСПЕЧИТЬ
ВЕС	ТАБЛЕТКИ
КОФЕ	КОРИДОР
ДЫМ	КАМПАНИЯ
ШЕСТЫМ	НЕЖНО
ПАРА	ЧУЛОК
УГРОЗА	СКОЛЬЖЕНИЕ
ОПРЕДЕЛИТЬ	ТАКСИ

Puzzle 36

```
Э У Р Е Е Т С Ь И А И В Б Т К
К Л А З А Л Г А В В Е И Л П А
С Я С Т Е А Р И Б О С Ф О О Р
П Л С О Р П О В Х М Р И К Г Т
Е П Т Д Е С Я Т Ь И С К Н И О
Р А О Т Я Ж Е Л А Я Т П О Б Ф
И К Я П М К Р О К У С О Т Н Е
М Е Н Р У С О Е И Ц П Л Т У Л
Е С И И Г И И Д П Т О У С Т Ь
Н У Е В И Р М И С Е П Ч М Ь У
Т И Р Е Н Н О И Т Р У И Р М Ф
А В Л Т М Е Л М М П Г Т И О У
З Е Б Р А Д А Т Ч А А Ь Т А Р
Д Я Д Я В Т Т Ц В Е Я Н Н Т Т
```

ГЛАЗА	ВОПРОС
КАПЛЯ	ПОПУГАЯ
ЭКСПЕРИМЕНТА	ХИТ
ТЯЖЕЛАЯ	ПРИВЕТ
КАРТОФЕЛЬ	ГРОМЧЕ
КРОВЬ	ДЯДЯ
ПОЛУЧИТЬ	ЗЕБРА
ПОГИБНУТЬ	РАССТОЯНИЕ
ДЕСЯТЬ	БЛОКНОТ
СОБИРАЕТСЯ	КРОКУС

Puzzle 37

```
В Д Р А К О Н У Р А Т К Е Н О
О Т И Г Р Е А М А Т И Р М К С
З Т Т С М О Д Р С С Ч И З О Н
Р У С Н О Н Е И Т Ф У И У М П
А Ч О О Р З Я Ь И С Л Т Я А Е
С А М А Е О М Е Т Б Л Р И З С
Т С И Й М И О О Е Г И П Г У В
Ь Т С О К Д И Ж Л С О Д Е Е Н
А Н И М Е Н А И Ь Л Ц П Т И Е
И И В О И А Е Ь Н У П М А Ш Ш
С К А П Н Р Е Ы О О Я Е Р Ф Н
Т А З М О Г Й Е Г Е Е Р Т М И
Е Ц Е Т Ь Т А В О Д Е Л С Н Й
Е А Н С Р В Е Р Х О М Т С Т Т
```

ВОЗРАСТ	НЕЗАВИСИМОСТИ
СТРАТЕГИЯ	ГРАНДИОЗНОЕ
ШАМПУНЬ	ВЕРХОМ
НЕКТАР	БЛИЗКО
ПОЛНЫЙ	СЛЕДОВАТЬ
ВНЕШНИЙ	РАСТИТЕЛЬНОГО
МОЙ	ТИГР
ДРАКОН	ЖИДКОСТЬ
УЧАСТНИКА	КИСТЬ
УЧИТ	ЗАМОК

Puzzle 38

```
Г П У П И Е М Е Ц Л Н С М П Т
О Р О Г О Н Ч У Р Т Р А Е Ц Е
Р Т А Л П С Р С О Д Р У У П Е
С Х П Ж Т О Л К Н У Л И Н К Т
С А Л Е Д Т К А Н Ь Р М П Е А
Х Р Е И А А Б Л А Г О Д А Р Я
Л А Ч М Т О Н Н Е Р Е В У И Е
О К О М У М У И И К Р И В О Й
П Т М Д Р Т Е Я Н С Е Т Ы В Р
К Е М З А В Е Р Я Е Т У Ц С У
А Р О Ж Е С Т О Ч Е Н Н Ы М И
К О Л Л Е Д Ж Д Е Ш Е В О Г О
К О Л Л Е К Ц И И Т Й А Н П Т
М С О О Б Щ А Т Ь С Я Д М И С
```

УВЕРЕННО	ВЫТЕСНЯЕТ
ТКАНЬ	КОЛЛЕДЖ
ОЖЕСТОЧЕННЫМИ	СТОП
БЛАГОДАРЯ	ГРАЖДАНИН
НАУКА	ХАРАКТЕР
ПЛЕЧО	СООБЩАТЬСЯ
РУЧНОГО	ТОЛКНУЛИ
ДЕШЕВОГО	КРИВОЙ
НАЙТИ	ЗАВЕРЯЕТ
КОЛЛЕКЦИИ	ХЛОПКА

Puzzle 39

```
Д О Л Я Ы З Д Е Р Т И Б Ф И У
Г Ц С Т Т У А Р Е Т А А А Р О
Е Т Н П С Д И В Т Д И Л Н Д С
Р У Е А О Е И Е Т Ю Е К Т Е В
Ф Я В Е Р Р И А Е Р Ж О А Т И
С Н Р Е И Е Т Й Ц Е А Н С О Ш
О У И Е О П М И Е В Д С Т Л Н
Г О Н С Н В Н Щ В С У И И Ь Е
Г Р Я З Н А Я Я А Н О Е К К В
Н Д Л Р Л Р И О Д Т Ы Л И О Ы
Ь Т А Ц Д И Р Т О О С Й С У Й
В Е Е З У М Н С Р Н Е С И Е О
О Д Е Е И Т М А П А М Б А Р Т
Ц И М И Е Й Ы Н Ь Л А Р О М Л
```

ГРЯЗНАЯ	БАЛКОН
ДОЛЯ	ТОЛЬКО
РОСТ	ВЕРЮ
ФАНТАСТИКИ	МОРАЛЬНЫЙ
ИДЕТ	ТРИДЦАТЬ
ЗАВТРА	НАСТОЯЩИЙ
АМБАР	ВИШНЕВЫЙ
МУЗЕЕВ	ФУНТЫ
ДАЖЕ	ВПЕРЕД
СПОРТИВНЫЙ	ПРОДАВЕЦ

Puzzle 40

```
В О З В Р А Щ Е Н И Е О М У Р
А М Р М Р О Д И Т Е Л Я М С И
М О К О Л Б Я Б О Ш И Б К У Т
Б Р И Е А Т У Г Л У Б О К И Й
И Я Е М И К И С Т Т З В Г У Р
З А Т А Н И Р И Ш П А Т А М А
Н И М Е Л И Ц О Р М П С З И П
Е О Б Н У И Е О О О А В Е Р Р
С Е Р Р И И Г Т Р У С У Т А Е
Р П Е М Т Р Х Л Е Т О Ч А Е И
Л И Р У Е О Ф В Е Р О Я Т Н О
М О О С Д П О Г О Д А Л И Е С
И Р С О Г Л А Ш Е Н И Е Е У А
Е А В Т С Ь Л Е Т А З А К О Д
```

ЧУВСТВО	РОДИТЕЛЯМ
ШИРИНА	РЕБЕНКУ
ЯБЛОКО	ДОКАЗАТЕЛЬСТВА
ВЕРОЯТНО	ЛИЦО
МОРЯ	ГАЗЕТА
ГЛУБОКИЙ	ОШИБКУ
БИЗНЕС	ПРОГРЕССА
ДЕТИ	ПОГОДА
СОГЛАШЕНИЕ	ЗАПАС
ВОЗВРАЩЕНИЕ	ОТХОДОВ

Puzzle 41

```
Р  А  С  К  М  М  Р  М  Н  Е  Н  Я  Г  Т  К
В  А  Б  О  Г  А  Т  А  Я  О  А  С  Н  Е  О
Т  М  Б  С  Н  Т  С  О  Е  Н  Е  Е  И  А  Л
О  Ы  Д  О  С  У  Т  Ф  Р  Т  К  Р  Л  Т  О
Р  О  А  Н  Т  У  М  Е  Ь  К  У  И  О  П  К
О  Т  Н  И  С  Н  Г  А  Л  А  Л  И  Е  Р  О
Й  У  Т  П  О  Р  И  Р  К  П  Ь  У  Е  О  Л
Е  Д  С  И  У  Е  Т  К  А  М  Т  М  Е  С  Ь
Т  А  Л  Б  В  Р  Ц  Л  Т  О  У  Е  Ц  Н  Ч
Е  Т  М  Ф  Р  А  Р  И  К  К  Р  Р  Ш  У  И
У  А  Т  Т  П  Ы  Д  Ж  Е  Д  А  Н  К  Л  К
Г  П  А  Н  О  Ь  Н  А  П  М  О  К  О  С  Р
В  А  Ш  П  Р  И  Е  Т  С  Е  М  В  Л  Я  Е
П  О  К  У  П  К  А  М  И  Л  У  М  Г  И  Ц
```

ВМЕСТЕ
РАБОТНИК
ПРОСНУЛСЯ
СЕРИИ
ВАШ
КОЛОКОЛЬЧИК
ГАМБУРГЕРНАЯ
СЕТЬ
КУЛЬТУРА
ВТОРОЙ

ПОКУПКАМИ
НАДЕЖДЫ
СОДЫ
КОМПАНЬОНА
СПЕКТАКЛЬ
ШКОЛ
КОМПАКТНОЕ
ГНИЛОЕ
НОСОК
БОГАТАЯ

Puzzle 42

```
Е Л Р У Л А Т У И И О У С Л И
П В Р Р Н Н В У Е О Е М М И А
Р У Б А Ш К А У И И У У Й Б Т
Т С Я И С П Р А В И Т Ь Ы О А
Е Н В Ь П О М О Ч Ь О Б В М З
У Л И Ч Н Ы Й Т Е Д И О Е В А
И И М О Ф И Л О Н О Р Л Н И М
З А Р Я Д А В А Т Г Б С Ч Н О
Т П И Е Р Е К С И О М И И О Р
Б Е Г Е М О Т А Р Ш А Ч Р В О
Б Е Д У С Т О П Л Ь О Т О А З
У В А Ж Е Н И Я М Л О И К Т И
Л А Т А Р А О Е А О У И О Ы Т
П О Ц Е Л У Й У И Б Т П Ш Х Ь
```

СВИНЬЯ	ШОК
ПРОБЛЕМА	ЛИБО
КОРИЧНЕВЫЙ	УЛИЧНЫЙ
РУБАШКА	ПОМОЧЬ
ОДНАКО	ЧИСЛО
БЕГЕМОТА	БОЛЬШОГО
ЕДУ	ЗАРЯДА
ЗАМОРОЗИТЬ	ПОЦЕЛУЙ
ВИНОВАТЫХ	УВАЖЕНИЯ
СТО	ИСПРАВИТЬ

Puzzle 43

```
Н И И О С Т У К Л И Ч О Т Л И
У О Е Е В Ь Т С О Н Ж А Л В П
М У Т Р Е Т А Т А Н И Ш А М Р
Е И Т Р Т И Л Р И Т Ь У Т У Е
Н О Л Ь Л Ж А Ф М И И К С Т З
В Ы Ш Е Я У С А Д З М И А Т И
М С У И Ч Л Е Р В М Е Ж Д У Д
А О У М О С Й И Ч О Б А Р Д Е
Т Б У О К Р Н Ж Р А Е М Е И Н
О В Д Р Е Е Е Н Ц Д О В Л Р Т
Н Ы С А Н Е Ц С Ф О Я Г Д И И
П Р О И С Х О Д И Т Т П У Т С
Р З Я М И У Р С Ь Е У У Е Н Е
И В С Т А В К И М М У С У Д И
```

ДЕВЯТЬ	САЛАТ
ИЗВИНЕНИЯ	СЦЕНА
МАШИНА	ТОЧИЛКУ
КОНЬКА	ВЗРЫВ
МЕЖДУ	НОЛЬ
ЖИРАФ	ВСТАВКИ
МЕТОДА	ВЫШЕ
СЛУЖИТЬ	СВЕТЛЯЧОК
ПРОИСХОДИТ	ВЛАЖНОСТЬ
РАБОЧИЙ	ПРЕЗИДЕНТ

Puzzle 44

```
Н А М Ь Т А Н З И Р П Е П Р Д
А Р У Ц А А Н Ч А С Т И Ц А Р
В У Т Е Е Ы Р Т С Ы Б П Н Э У
И Ш Ы М Т З Р И И Н И И М Т Г
Г С Н Е Ж И Н К А Ч З Ф О А О
А Л У У И Л У У О А Н П Л Р Й
Ц В Т Р А А М Н Г Я Е Ы С Е С
И С Т Е М Н С А М Т И З Й Е О
И У С О Н А М Т Е Т Е О Л Т Т
Е У А Д П Е Р Л Я И Ц К Н У Ф
И Т Р О Ф М О К С И Д Е Т Ь Б
А М З П Р Е Д С Т А В Л Я Е Т
Е Е Н А Й Д Е Н Н Ы Е А И А Т
Б Р А С П Р О С Т Р А Н Я Т Ь
```

БЫСТРЫЕ	ПРИЗНАТЬ
АНТИЧНЫЙ	НАВИГАЦИИ
АНАЛИЗ	ЭТА
РАСПРОСТРАНЯТЬ	НАЙДЕННЫЕ
СНЕЖИНКА	БЕЗОПАСНО
МАГАЗИН	ЧАСТИЦА
КОЗЫ	КОМФОРТ
СИДЕТЬ	ФУНКЦИЯ
МЫШИ	ПРЕДСТАВЛЯЕТ
ПОД	ДРУГОЙ

Puzzle 45

```
О И Н Т Е Л Л И Г Е Н Т Н Ы Е
У С Ц П К И С Р Е П Р П О О Т
С П У У О У Е И К Ж Е Р Е С У
М П У Щ М Р П Р С Е С О Е С И
О М О М Е П Т И Т У Ш В П Е Л
Т И М М А С И Р Д А Д О Т Р Е
Р У М С М Т Т С Е О И Д Е К П
Е Ф Л Т У П С В Ф Т Н А Н Ц Л
Т О М А Е Е Р И Л М Н А Е М А
Ь Н О Л Я Е Е У Е Я О Ы Ц Д Н
С Д М Ь Т А Ш Ы Д Д Ю У Х Т Е
Е С И И Т Е Й Ы Н В И Т К А Т
П А Р Т Н Е Р Е Р Е У С С Е Ы
Т Щ А Т Е Л Ь Н О М Г Е Т Я Н
```

КРЕСС	ПАРТНЕР
ИНТЕЛЛИГЕНТНЫЕ	УМА
ОСУЩЕСТВЛЯЮТСЯ	ПТЕНЕЦ
ШУТИТ	ДЫШАТЬ
СЕРЕЖКИ	ПЕРСИК
ТЩАТЕЛЬНО	ШЕРСТИ
КУПИДОНА	ФОНД
САММИТ	ПОРТРЕТНЫХ
АКТИВНЫЙ	ПЛАНЕТЫ
ПРОВОДА	СМОТРЕТЬ

Puzzle 46

П	Р	О	Д	А	Ж	Р	Н	А	У	С	Б	П	М	П
Р	Б	Е	О	У	П	Й	Н	А	Р	О	Е	Р	Е	Р
А	М	У	Г	О	Н	И	К	И	Я	С	З	Е	Н	И
К	О	Ц	У	Ц	М	К	О	С	Р	Т	О	Д	Ь	В
Е	К	И	О	У	И	З	Т	Е	Т	Р	П	П	Ш	И
Т	Ш	Н	В	П	Е	Е	О	Т	О	А	А	О	И	Л
А	И	А	Н	М	А	Р	П	В	М	Д	С	Л	Н	Е
И	Л	Р	Р	В	У	Т	Н	С	С	А	Н	А	С	Г
Г	С	Г	Ы	О	Т	С	Р	С	Е	Н	О	Г	Т	И
Е	О	З	И	Ф	П	Ь	Т	П	Н	И	С	А	В	И
И	А	А	Г	С	Р	Ч	О	А	Е	Е	Т	Е	О	Л
Н	О	С	Л	С	Р	Е	Д	И	Л	Д	И	М	Б	Т
Л	Л	С	А	И	Л	П	П	И	О	Ы	И	Ы	М	Н
В	И	Д	И	М	Ы	Х	Е	О	У	Р	М	Й	О	И

ГЛАВУ	ПРЕДПОЛАГАЕМЫЙ
СОСТРАДАНИЕ	НАЗЫВАЕТСЯ
МЕНЬШИНСТВО	БЕЗОПАСНОСТИ
РЕЗКИЙ	НОГУ
ПРИВИЛЕГИИ	ВИДИМЫХ
ИГЛА	ПОТОК
УСТАЛЫМ	ГРАНИЦУ
СЛИШКОМ	ПРОДАЖ
РАКЕТА	СРЕДИ
ПЕЧЬ	НЕСМОТРЯ

Puzzle 47

```
И  З  Г  Т  К  О  Л  Б  Л  Г  М  О  Й  Р  У
Ы  А  Н  Е  О  Т  Т  И  М  О  Ы  В  И  Е
Д  Ч  Е  И  Л  Р  Е  М  Ы  В  Н  Р  Т  С  Е
Ж  А  З  Т  Е  А  Й  О  К  Н  О  Л  О  К  Е
А  Т  Д  С  С  Т  Т  Р  Е  У  Е  А  Р  Д  Б
В  Ь  О  А  О  С  У  Л  С  И  Н  Е  О  Т  А
Д  Л  Н  Р  И  Т  С  О  Н  Н  А  З  Я  Б  О
Т  Т  А  Е  С  Ы  О  Н  Ч  Е  Н  О  К  С  С
А  Е  У  Д  М  И  Р  О  У  О  О  И  С  Т  Л
В  Е  У  С  Е  С  А  Р  О  У  З  И  А  О  У
А  Д  С  О  П  Л  И  З  У  Ч  И  Т  Ь  Р  Ш
Т  Е  О  А  К  Ч  Е  П  Ы  В  А  И  В  О  А
Б  И  М  С  У  И  Т  Ц  У  У  Т  Т  И  Н  Т
Е  Е  И  П  Н  Ж  Е  Р  Т  В  Ы  М  Р  Е  Ь
```

ВЫПЕЧКА	СЛУШАТЬ
ЗАЧАТЬ	СТАРТ
КОНЕЧНО	РАСТИ
БЛОК	КОЛЕСО
ВЛАДЕЛЕЦ	БЕССМЫСЛЕННЫЙ
ГОРОДА	СТОРОНЕ
ГНЕЗДО	ИЗУЧИТЬ
ЖЕРТВЫ	ДВАЖДЫ
КОЛОНКОЙ	ОБЯЗАННОСТИ
ВЫМЕРЛИ	ЗОНА

Puzzle 48

```
О З А Н Р И П М А В С У С Т П
П А Ф Е И П Е Е Н М И Т Л Т Р
У П П Е Р Ь Т Я М А П О И Т О
С А И О Р Ь Л У Е Т К О Ж С
Т Д Т М Д М С О У Д Е С О Э Л
Ы Н И П У В Ы Л Е С Р Е У К У
Н Ы Д Е П Л И Л В Д У Р А С Ш
И Й А Ю Т Я Ь Г А Ы Б Ь П И
И Р О У О Н Р Р Л Ц А Е Н Е В
С Ъ Е Д О Б Н Ы Й И Т З И Д А
О Ф Б Ж Я О Р С И Н С Н З И Н
Л И О А Л А Н З Д Е А О К Ц И
О В Л К Т О А П Р Ш М Е И И Е
Г Р Т У Е Ц Р У Р П А Р Й Я М
```

ВАМПИР	ПРОСЛУШИВАНИЕ
КАЖДУЮ	ЗНАЛА
НИЗКИЙ	ПУСТЫНИ
СЕРЬЕЗНОЕ	ТАБУРЕТ
ПШЕНИЦЫ	ПОДВИГЛИ
КОЖ	ПАМЯТЬ
СЪЕДОБНЫЙ	ОБНЯЛ
ФЕРМЫ	ЗАПАДНЫЙ
ПЕТЬ	ЭКСПЕДИЦИЯ
ОТДЕЛЬНО	ГОЛОС

Puzzle 49

```
С О И Т Т А Я О Я Е Р А Т П С
С С П С К И О Б С Е Р Д Ц Е П
Т Л Е Б Р Е Е Щ А И У В Ь Е О
М П И О У Р Н Е А М Л Е Т Е Р
Р Ш Т Ф Н А У Й Е Е Р Н А О Т
О С Е Р И З Р Ф С П Е Ш К И Н
И Л С Ю И Ц А Р Т С Ю Л Л И А
Д С И У Т И П Л И С Е А О Б Ч
Р О З У Я С У Н О Н Е У Т О И
А Ю Ь Л С Ы М И И Д Е А Е Г Н
П У Б Л И К А Ц И Ю О И П А А
О П Е Ц В З Р Е Л Ы Й В Б Т Ю
Е Т Е У А Н И Л А М М С И А Т
Л Т П И З С К О Р О С Т Ь Я О
```

ИСТОРИЯ	ТОЛКАТЬ
ИЛЛЮСТРАЦИЮ	ЗРЕЛЫЙ
ЛЕОПАРД	СКОРОСТЬ
ОБЩЕЙ	СПОРТ
НАЧИНАЮТ	ОШИБКА
МАЛИНА	ЗАВИСЯТ
СЕРДЦЕ	БОГАТАЯ
УЗОР	МЫСЛЬЮ
ПАРУ	СПЕШКИ
ВОДОЛАЗНОЕ	ПУБЛИКАЦИЮ

Puzzle 50

```
К Е И С Т А Р Ы Е П С С Е Л Я
С У М А Р Г А Р И Т К А В С У
Е И Р У А П Р О Д У К Т Т М К
К Е Р И Л А З А К С С И Р О А
Р М Е И Н О Р О В Е С С С М Б
Е Е Е У Т О И Г О О Л О Е Й И
Т П А Т Е Л Е И Н Е Ч Е Л Ы Н
А Е Е О Е С П Т Т О Р Е Л Н Ы
Р А Ф Е Б А О Д О К А З А Т Ь
Я О Н О Л М Б О Л Ь Н О Й С М
Е Е Т Р О П С Н А Р Т Т Е Е А
М Р Н О К П Р О Ш Л Ы Й О В И
Й О К Б И Г Н М П Л С У О З С
Д О М А Ш Н И Й И А Ф П Т И Т
```

БОЛЬНОЙ	ГИБКОЙ
ДОМАШНИЙ	МЕНЕЕ
МАСЛО	ЛЕЧЕНИЕ
КАБИНЫ	СКАЗАЛИ
БЛОКИ	ДОКАЗАТЬ
СЕКРЕТАРЯ	ТРАНСПОРТ
МАРГАРИТКА	СТАРЫЕ
ПРОДУКТ	ИЗВЕСТНЫЙ
ПРОШЛЫЙ	КУРИНОЕ
ОТНОСИТСЯ	ВОРОН

Puzzle 51

```
Р  Т  С  Т  Н  П  Л  Ю  Б  О  Е  Р  О  П  Й
А  П  В  И  К  У  О  Д  Т  С  Т  Н  Е  Р  Ы
С  О  Е  Ж  И  С  С  Ч  Н  Р  Р  У  О  С  Н
П  Е  Т  Р  Ф  Е  О  Ь  Т  А  Х  Ю  Н  Т  П
А  У  Я  Е  А  С  И  К  Т  А  О  О  Т  Р  У
Д  А  Щ  Д  Р  У  Г  Н  Р  Ф  Л  О  А  П  Т
А  М  А  О  Г  Е  Е  М  Л  А  Я  Ь  Д  У  С
Т  М  Я  С  Е  М  А  Л  И  У  Щ  Т  О  У  О
Ь  А  С  Н  Е  М  А  З  К  Э  О  Е  Л  Н  Д
С  Р  Я  Л  Ч  Е  Л  О  В  Е  К  А  Н  Т  У
Я  Г  Э  П  Я  Т  Н  И  С  Т  У  Ю  С  И  У
П  О  Л  О  В  И  Н  Ы  Н  И  М  Р  Е  Т  Е
О  Р  Г  О  Л  О  С  О  В  А  Н  И  Я  Е  Р
М  П  М  С  П  О  К  О  Й  Н  Ы  Й  Е  Д  Е
```

СУДЬЯ	ПОЛОВИНЫ
СОКРАЩЕНИЕ	ДОСТУПНЫЙ
ТЕРМИНЫ	ПРОГРАММА
ГРАФИК	ЧЕЛОВЕКА
СВЕТЯЩАЯСЯ	ДРУГ
ПЯТНИСТУЮ	СПОКОЙНЫЙ
НЮХАТЬ	ЛЮБОЕ
ГОЛОСОВАНИЯ	ЭКЗАМЕН
СОДЕРЖИТ	ПОЧТАЛЬОН
РАСПАДАТЬСЯ	ЭЛЕМЕНТАРНО

Puzzle 52

```
Ю Ф А О Н Т П Р О Д И Т Е Л И
И И Д Ь Т И Р И Ш С А Р Е А Н
Ц Т И Е И Н Е Ч У Б О С И М Р
А Д Е С Е Б Д А К Ш У Г Я Л И
В У О Н И А П Й У Л М Ф Н Н Р
И Ы С Я О Г О Н Ж Ы Л М Ь Е О
Т Ь Б Ф С Й Ч Н У Т Т И Т Л Б
О Н П О И Е И Н Н Е О Ю С Л Е
М Е П К Р С Т М М И Ь У О Р З
С Р Т Е Н Н А Т О П И Е Л У Ь
Л А Ч И Р К Е С М У Р И О Т Я
Ш П В С Е М Т О Д У В Р П Ц Н
Л И О И О Н К К Р А Т К И Й А
П Р А В И Т Е Л Ь Д Е В Д Е М
```

ОБЕЗЬЯНА	КРАТКИЙ
ЛЫЖНОГО	КОМПЬЮТЕР
ПРАВИТЕЛЬ	ОБУЧЕНИЕ
МОТИВАЦИЮ	РАСШИРИТЬ
ШАТКИЙ	КРИЧАЛ
ПОЛОСТЬ	ЧАЙ
БЕСЕДА	ВСЕМ
ВЫБОР	РОДИТЕЛИ
ЛЯГУШКА	ПРЕДПОЧИТАЕТ
ПАРЕНЬ	МЕДВЕДЬ

Puzzle 53

```
Р Е О Г Т А Р В С И Е М Ь У М
Т И И Е К К У И М М О Л Т Т Л
С И М Н Н А К Л Л Т Б Б М К А
Д Т Е У Л Л У Р Ю А Н Е Ц А Д
А Ц Б А С Б Л М Р Б Е С Л У Е
О Й Е Т Г О Н О Т Н О Т Ф П Н
С В Е Ч И И К У С Л И В П Р Е
У М Н О Ж Е Н И Я Д Р И Ь А Ц
Р Е С Т О Р А Н Р Е Т И А Ж А
Р Е Ш Е Н И Е И Я И И Е У Н Л
Р Е Ф О Р М Ы Р Т Е М И Р Е П
О Б И Л Ь Н Ы Й Т Т И Н И Н Е
К А Т А С Т Р О Ф А С И И И М
О Б Ъ Я В И Т Ь М И П С Д Я В
```

КАТАСТРОФА	МЛАДЕНЕЦ
РУКУ	УМНОЖЕНИЯ
ОЦЕНКА	ЦЕНА
УПРАЖНЕНИЯ	ОБИЛЬНЫЙ
РЕСТОРАН	РЕФОРМЫ
ОБЪЯВИТЬ	ПЕРИМЕТР
СИНИЕ	СВЕЧИ
УТКА	ЛЮБОВЬ
ОБЛАКА	КОРАБЛЬ
НОГТЕЙ	РЕШЕНИЕ

Puzzle 54

```
П Т С Ч А С Т Л И В Ы М Р О У
Е Р Н Н Й И Н Ф О Р М А Ц И Я
Р У Л Т О Ь Т А Х У Б Л У Е А
Е Е Ф В Н У Т Р И О С Н Й Е Н
М Т О П Д Т И С Н С Е О Ы Р Ь
О Я Н Д О Г Е С А В Е С Л А Л
Т Я О Е Р С А Е И Р С Е П С Е
К Н Н Р И Р А Д П О К А Е Ч Т
А Ь Ф Е К Т И Т М З О У Т А А
Е Л Е Е Н М Ь Т И Б О П О С Ч
Е А Р Н Ы С Е А Т О И А Н Т Н
О П Е М П Р А В И Л О О О Ь О
Р С И О И М О О С Л И А И Ю К
Ь Т И Ж Ы В Р А Ж Е С К И Й О
```

СЧАСТЬЮ	ВЫЖИТЬ
СЧАСТЛИВЫМ	ИНФОРМАЦИЯ
НЕВИДИМЫМ	ВЕСЛА
ПРАВИЛО	РОДНОЙ
ПЕРЕМОТКА	ПРЕКРАСНО
УКРАСТЬ	ОКОНЧАТЕЛЬНАЯ
ТЕПЛЫЙ	ВНУТРИ
БУХАТЬ	СПАЛЬНЯ
СЕГОДНЯ	ПОБИТЬ
ВРАЖЕСКИЙ	ОБЗОР

Puzzle 55

```
В К Л А С С А Ь Т И Ж О Л Т О
Д А Б А С С Е Й Н М Е Т Т З У
О И У А И М И Р Д А Е К А М Л
Х Э Р Л А У Б П О Т М Б И О Ы
Н У К С А Р К Е Л Д О В А З Б
О П Т С С В Т Е Е Ч А И Л С К
В Д С Е П А М И Е И Н Е П Н А
Л Т Ц О Е О С Н О З А Г В Е Т
Я Е Р Е Р Я Н И И О И Е О Ж Ш
Е Н И Ф Л Ы И А У И Д Е Л О Л
Т И Б И Й Ь М Т Т П Р Е О К Я
В С Т Р Е Т И Л А Н И Т С И П
Н И М Б Е С П Л А Т Н О Ы О А
Б Е С П О К О И Т Ь И А О О С
```

ОЗАБОЧЕННЫЙ	ВСТРЕТИЛА
ЭКСПОНАТ	ШЛЯПА
ВДОХНОВЛЯЕТ	ЦЕЛЬ
ВОЛОСЫ	КЛАССА
КРАСКУ	ИСТИНА
КТО	БЕСПОКОИТЬ
ГАЗОН	БАССЕЙН
ОТЛОЖИТЬ	БЕСПЛАТНО
СНЕЖОК	ПЕНИЕ
ЗАВОД	УЛЫБКА

Puzzle 56

```
Р О И И Р Ф Б Е Л Ы Й Н Т Л Р
Я Р О А Р Т П Э Л Е М Е Н Т Т
У С И Е А О Л В Т Е А М Е И И
К Д З Е З Н И Е М А Н Г В Е Д
Б И О Л Н Е Т Е Я Л Е Р Т С О
Ю Д С Е О Х Ы Н Н А Д Т У Е О
О Ь Т С О Н Н Е Ж Р Е В И Р П
К Р У Г Б Е Т М С Б Д Т П С У
Н Т Ф Т Р И П И О Ы Т Е У П М
У О Т Т А У С А К В Р Т С И С
А Д С С З О П Н М Р Е Я Т О И
О Г У А И Ш И Р О К И Й О П О
С А О А Е О В О Р И Ж И Т Я М
Л Д А Л Ь Ш Е С Г Е М П А У И
```

ЖИРОВОЕ	ДАЛЬШЕ
СТРЕЛЯЕТ	НАИМЕНЕЕ
ЮБКУ	ПУСТОТА
ПРИВЕРЖЕННОСТЬ	ВЫБРАЛА
ПЛИТЫ	НОСА
ДЕД	БЕЛЫЙ
ФРЕЗИЮ	ЭЛЕМЕНТ
КРУГ	ТЕТЯ
РАЗНООБРАЗИЕ	ГРОМКО
ШИРОКИЙ	ДАННЫХ

Puzzle 57

```
Т Е Н Е Ь А С Я П Т Е Ь Т Т Д
Я Ь Т И Т А Л П М И Т У А Р Е
Н О С О С В Й И Т А Е Е Й А Р
У Н Л У О П Ы И Р А В М Н Г Ж
Т И А Г Н В Н И С Е Ц Е А И А
Ь У Р С Б Т Б А А Н Ф З Х Ч Т
Ь О О А О О Ю Р А Е А П О Е Ь
Т Ф Д М С Д Л О М Щ Н Р Л С Т
У О Н О О Ю Е И И Е И О О К А
Н Б А Г П Л Ж Т П И М С Д И С
Х Р Ж О С Б У Т Т Д Т Т Н Й И
А Е Д И С У Р И И Т У О А С П
М В Ы Н У И Д О Г Ф Е М Я Р Е
С О П Р О Т И В Л Я Т Ь С Я А
```

ТРАГИЧЕСКИЙ	ТОРГОВЛЯ
ЗАЩИТУ	ЦВЕТ
СОПРОТИВЛЯТЬСЯ	СОБИРАТЬ
ПИСАТЬ	ПРОСТО
ГОД	БЛЮДО
ДЕРЖАТЬ	ОДНАЖДЫ
ПЛАТИТЬ	СПОСОБНОСТЬ
САМОГО	ТЯНУТЬ
ДРУЖЕЛЮБНЫЙ	ХОЛОДНАЯ
МАХНУТЬ	ТАЙНА

Puzzle 58

```
Н Ю И Е Н Е О Р Е И Н В Е Р Д
А Т Р Т Л Е С И С Д Е Н Ь Т Ц
П О Е И Е О Н Ч О Н Е Ц О Р И
Р Н М Т Д Е Н А Б Л Ю Д А Т Ь
О К У Т Л И А Т О М Н Ы М И П
Т И А Е У К Ч О Б А Б Ы А Р О
И Й С Р О С С Е Ф О Р П И Е Л
В А Т С У П А К С О Т К И Н Н
Н К М О У И Т Л В К И Т М В О
О Ы П Р О Ф У Т Р И О И И О С
И З Д П У Т А А Т Е Н Г М К Т
М У А С И З Т О И М П Д О Р Ь
Н М С О Р О К О Н О Ж К А У Ю
М В И Д Е Н И Е Л С Л Л Т Г Н
```

ВИДЕНИЕ   ДЕНЬ
ОЦЕНОЧНОЕ   СПРОС
БАБОЧКУ   ВОКРУГ
ТОНКИЙ   ПОЛНОСТЬЮ
ЮРИДИЧЕСКОГО   НИКТО
ПРОФЕССОР   ЗАТВОРЫ
КАПУСТА   НАСЕЛЕНИЕ
АТОМНЫМИ   ДРЕВНИЕ
НАБЛЮДАТЬ   СОРОКОНОЖКА
НАПРОТИВ   МУЗЫКА

Puzzle 59

```
Д  А  П  А  З  У  Й  Ы  Т  Р  Е  В  Т  Е  Ч
С  В  Л  Н  С  Й  О  Н  Н  А  Д  П  Е  О  И
Р  Р  Е  О  Ь  И  К  У  М  К  Т  Р  О  Ф  С
А  О  П  Н  Т  Р  С  Т  П  А  Ф  И  А  И  Ф
В  Ж  Е  Е  А  С  Н  Л  У  П  Т  З  И  Н  С
Н  Д  Р  Л  В  Д  И  Н  Ф  И  И  Р  М  Т  Й
И  А  Е  О  И  С  Ц  М  Т  Т  У  А  Ф  А  Ы
Т  Е  П  К  В  Р  И  А  Т  А  А  К  Ч  У  Н
Ь  Т  Т  М  З  О  Д  В  Т  Л  Б  У  Л  К  З
Т  С  Е  А  А  А  Е  У  Р  Ь  Л  Р  О  О  Я
Ж  Я  У  Н  Р  О  М  Т  Т  С  М  Н  У  И  Р
Р  Ю  И  М  Б  И  Р  Ь  Х  О  Т  Е  Л  Е  Г
И  М  Р  П  Р  Е  С  Л  Е  Д  О  В  А  Т  Ь
Р  О  А  И  И  Н  О  Г  Д  А  И  Р  Т  О  Е
```

ИНОГДА	РАЗВИВАТЬ
ГРЯЗНЫЙ	ХОТЕЛ
СЛУЧАЙ	ЖЮРИ
КАПИТАЛ	МЕДИЦИНСКОЙ
ПРИЗРАК	ПЕРЕПЕЛ
КЛУБ	СРАВНИТЬ
РОЖДАЕТСЯ	ДАННОЙ
ЧЕТВЕРТЫЙ	ЗАПАД
КОЛЕНО	ДВЕНАДЦАТЬ
ПРЕСЛЕДОВАТЬ	ИМБИРЬ

Puzzle 60

```
О А Р В Т Е Р Л А В Р О В О Е
С В Л Е О Е У Е Е И Е У М Т Р
О Е А М Т Д А У Г Л А Г О Л А
Б С Л Е Т Й Ы Н Ж О Р О Т С О
Е Е В А Р М И И О А У М Е У М
Н Л Р М Т У Н Р Б И К И Щ Я О
Н О И Р В Д Т А Ы Т Т С Ж Ь Н
О Г О Н Й О В Д Ч Г М И Е Т С
С О И Т А У Я С Н Е П О Л А Т
Т Е В Р О Т Я Е О И С И Е Л Р
Ь Т Н Е М Ь Л Т Н Е Ж Д З П А
М Д Ы Н М О Р Г О М Н С Ы Т М
Р Н Е Е В Ы Г О Д А С О У О М
И М Е Р В О С К Р Е С Е Н И Е
```

ЯЩИК	ВЕСЕЛОГО
ДВОЙНОГО	ВЕТЕР
СКАЖУ	ОСОБЕННОСТЬ
ВОСКРЕСЕНИЕ	ВОДЫ
ОГРОМНЫ	ВЫГОДА
АРМИИ	ТРЕНЕР
ГЛАГОЛА	ЖЕЛЕЗЫ
ОСТОРОЖНЫЙ	ОБЫЧНО
ПЛАТЬЯ	ДЖЕНТЛЬМЕН
МОНСТРА	ЛАВРОВОЕ

Puzzle 61

```
И Ж С П Р Е И М У Щ Е С Т В О
О Е Е Л П Р Е К Р А С Н Ы Й О
Н Л Р И А Л Е С У А О В С Р Н
Е Т П С Ь Д Е В О П С И М Р Я
П Ы Е Р Б Т О И И О Е Е П Р Ь
О Й Р Е И С Л С И М Л С Н Т П
С У Н М И В В Л Т Е Е М И У Е
Ы Н Й О В И Я Н М Ь Ф П Я У Т
Л Т И Ц Л Е М З И И Е Д З И Р
И С Т О Ч Н И К А Р О У О И О
П О Ч Е Т А Р А К Н Е Щ Х Л Ф
П М Л Л Л А К И М О Н О К Э М
Ц С У Н С С Р И Е А Б Ы Р С Т
Е М И Н Е П Е Т С Ф М Н Й О Л
```

ИМЕЕТ	СЛАДОСТЬ
СТЕПЕНИ	ЖЕЛТЫЙ
РЫБА	ВОЙНЫ
МОСТ	ПРИВЯЗАННЫЙ
ХОЗЯИН	ИСПОВЕДЬ
СЕЛА	ПРЕКРАСНЫЙ
ИСТОЧНИК	ЭКОНОМИКА
ПРИКРЕПИТЬ	ПОСЫЛ
ФОРТЕПЬЯНО	ПРЕИМУЩЕСТВО
ЩЕНКА	ПОЧЕТА

Puzzle 62

```
Ф К М М Т И А И Л Е Д И С Т О
И О Р А Ь У К Л А Б Ы Р А А Т
Г С Д Т Т В Б Р Д У У Р Г Р К
У Т Л Ф А А И М У Н Т Т А Р Л
Р Ь Н Р В О И И М Н Е М М Р О
А Ь П П Е У Е М Е Ъ Б О У И Н
Е Т Т Р Л О Е Ц Т М С П Б У Я
О А В О К Г Н Р С Л И Н И И Ю
П Н М Б Т О А Т И Г Р У П П Т
А З Т Л К Т И Е С Ч Т Е Н И Е
П У И Е В Я А М Ф У О У Г Т Р
А Н Н М С С Р И Т Е Т Б Е Й Д
И Ы М Ы И Е П Е Е Е П Ф У О Т
С Ц М М А Д Т У Д У У Е И В У
```

ПРОБЛЕМЫ	БУМАГА
ЧТЕНИЕ	СЫН
УЗНАТЬ	ОТПРАВКИ
КЛЕВАТЬ	ОБЪЕМЕ
ДЕСЯТОГО	ВОЙТИ
ОТКЛОНЯЮТ	КОСТЬ
ПАПА	СИСТЕМУ
РЫБАЛКУ	ФИГУРА
КОНЦЕНТРАТ	ГРУПП
СИДЕЛИ	ЛИНИИ

Puzzle 63

```
П С И Р П Р С Н И П А О П Й Н
О Т Р Т Е Ы Б У Р Г Е Р Т Ы М
У И М Ц Д В Л И Я Н И Е Д В Я
Т У И О И Н У З У Я А Н Н О С
Р Ф Г Е О Г Р А Ф И Я Е В З П
О Г О Н Л О П Л И Т И Т Е А О
С Л Ы Ш А Т Ь Г П С С И О Р Я
С П У С К Р О К М Д В Т У О В
П О П Ы Т К И Ф О Е Т И И Н Л
П А Д У Б Е П П Д Я О А А Д Я
Б М А Б С Т С Ь Я Р В И И О Е
П А О И Н О М О Р К О В Ь С Т
Р Е И С Г У К У К У Р У З Ы С
С О П Р О В О Ж Д А Т Ь Е А Я
```

ВЕДЬМУ	РЯДОМ
ГЛАЗ	ПАДУБЕ
ОДНОРАЗОВЫЙ	СЛЫШАТЬ
СОННАЯ	ПОЛНОГО
ГОСПОДСТВО	СОПРОВОЖДАТЬ
МОРКОВЬ	ОФИЦЕР
ПОПЫТКИ	ГРУБЫЕ
РОК	ГЕОГРАФИЯ
СПУСК	ПОЯВЛЯЕТСЯ
ВЛИЯНИЕ	КУКУРУЗЫ

Puzzle 64

```
Н  И  П  И  А  М  М  У  С  К  С  П  А  И  О
В  А  Е  В  Р  Р  Т  Н  И  Р  Т  О  Т  И  Р
Т  О  Р  Т  О  У  Р  И  Н  А  Е  Н  Д  И  У
И  И  Л  О  Е  Т  И  Ч  И  С  Я  И  М  Й  Е
О  О  Д  К  Е  И  Е  Т  П  Н  А  С  Р  И  А
О  П  А  С  Н  О  Е  О  Й  О  Н  Т  Н  Ш  Б
И  И  Т  Й  И  Р  П  Ж  А  Г  Ь  Е  И  Д  С
Т  Р  С  Т  И  Н  И  В  О  Л  В  Т  У  О
Е  И  Ч  С  У  П  И  Т  М  В  И  Ы  Л  Х  Л
А  О  С  Е  М  Ь  Я  Ь  А  Т  С  С  У  М  Ю
П  Г  У  Б  К  О  Й  Р  Р  У  М  Ш  Н  Ы  Т
Р  А  С  В  Т  Н  П  И  Т  С  Е  И  Ы  Т  Н
Д  Л  И  Т  Е  У  Т  И  Т  И  О  Й  А  Ь  О
Б  У  Р  Е  В  Е  С  Т  Н  И  К  А  О  Е  Й
```

ПОЧТИ	ГУБКОЙ
ВЫСШИЙ	МЫТЬЕ
ХУДШИЙ	СИЛЬНАЯ
СУММА	ВОЛК
УПРАВЛЕНИЕ	УНИЧТОЖИТЬ
КРАСНОГО	СЕМЬЯ
ПРИЙТИ	ЛУНЫ
СУП	ТРАМВАЙ
ПОНИ	ОПАСНОЕ
АБСОЛЮТНОЙ	БУРЕВЕСТНИКА

Puzzle 65

```
Ц Е О Т О П М Р А П Е Т Р С В
Е Т Н Т Н Ф И Р С И Е Е У О О
Л А С К А Ь И У С Е Щ О Ч Л О
П О Й М А Т Ь Ц Е Ь А Р К Н Б
О Н Е Ф И А В Б И Т Ж И А Е Р
Т С Е Т В Ч Р Е У А Е Я Е Ч А
К С Е Н С Е М П Р В Л М И Н З
Л Г В Т Я П Щ А Б И Д Ь Е Ы И
О А И Е И Р М Ь Е Ш А Р Н Й Т
Н Л С И А Ь Р П Г Е Н И Р Ы Ь
Я С А С Л У М С А В С Д У Ш Й
Т Т Р А Е И Т П Т З Р Т Б Ы Л
Ь У К О Ш Р О Г Ь В И О Л М Н
П К Л Е Б Е Д И Н Ы Й А Е Р Т
```

ЛАСКА	КАЛЬМАР
ОТКЛОНЯТЬ	ВООБРАЗИТЬ
БЫЛ	ВЗВЕШИВАТЬ
ОФИЦИАЛЬНЫЙ	СОЛНЕЧНЫЙ
ДУШ	НАДЛЕЖАЩЕЕ
РУЧКА	ПЕЧАТЬ
ЛЕБЕДИНЫЙ	ПОЙМАТЬ
ГАЛСТУК	БЕГАТЬ
КРАСИВЕЕ	ТЕОРИЯ
ВЕЩЬ	ГОРШОК

Puzzle 66

```
Ц Е Е У И Й М Ы Б М О П Б Ч Н
И О У О С А Н Б И Т А Е Е А Т
Е Е С П У Т К У В З И Р Й С Л
Н У Р М М С Д Г Т А Р Б С Т И
С Т О И М О С Т Ь Е О А Б Н М
Т Ф Р Т И Н А Н Е С Н Г О А О
Й О Н Ч А Р З О Р П М О Л Я Н
У А К Д О О И М М Т Л Р К С И
Д С Н И О Г Р Д Е У Т О Т И И
Е А Т Т Н Р П О У Й И Д М О А
Е Ь Т А В О В Т С Т У С И Р П
С О О Б Л А Ч Н О И Т С А Е М
А Д М И Н И С Т Р А Ц И Я Е А
Р А С Т Е Н И Я Я Н Ж Е Р П Л
```

АДМИНИСТРАЦИЯ	ПРЕЖНЯЯ
ЛАМПА	ЗВУК
БЕЙСБОЛ	УТЕНОК
ГУБЫ	ЧАСТНАЯ
КИНО	ПРИСУТСТВОВАТЬ
ГОРНОСТАЙ	РАСТЕНИЯ
БРАТ	ЗМЕЙ
ДОРОГА	ЛИМОН
ОБЛАЧНО	СТОИМОСТЬ
ПРИЗА	ПРОЗРАЧНОЙ

Puzzle 67

```
А О П П В Н Б Ш Т Е Ф И Т И И
В Г Р О Ы Й И К С Й И Л Г Н А
Т Н О Р Д Ы А О Ф У У А Р Ц В
О Е И Е У Н Н Л А А М С Е И Т
М С З Й М Т И Ь Я И Р Р П М Т
А Т В П Ы Я Ч Н Р О Е Т М Е О
Т О О Р В И И О Х П Т Р О К Х
И Й Д И А Р Р Г Ы С С С А Л С
Ч К С М Т П П О Н Ф И Р М А Т
Е О Т Е Ь О О Т В Е Р С Т И Я
С С В Н М Г П И А Е У Е Р С М
К Т А Я Т А М О Р Т Р А В Ы М
О Ь О Т Н Л П О В И Н У Й С Я
Й Т С Ь Т Б С Т Р Е М И Т С Я
```

АНГЛИЙСКИЙ	УСПЕХ
СТРЕМИТСЯ	ПРИЧИНА
ВЫДУМЫВАТЬ	АВТОМАТИЧЕСКОЙ
КОРТ	ПРИМЕНЯТЬ
БЛАГОПРИЯТНЫЙ	РАВНЫХ
ОГНЕСТОЙКОСТЬ	ПОРЕЙ
СТОЯЛА	ТРАВЫ
ПРОИЗВОДСТВА	ШКОЛЬНОГО
ПОВИНУЙСЯ	ПЕРЕЦ
ФИРМА	ОТВЕРСТИЯ

Puzzle 68

```
Д П О Е З Д К А О И Е К Р С С
Е И И У Й Т М Е Д С У Е К И Р
П М У К О С Е И И Х Е А И А У
Р И Е А В О П Ь Н Е Ч О Ф О Р
Е Т Й З И А И Я О О Э Т О У П
С И Ы А Л Ц М Г К И С Н И Д Д
С Р Н Т Е А А Т О Л О Е Л И О
И О Т Ь П П О У Е В Р И И К Л
Я В А Г Р Е С С И В Н Ы Й И Ж
Д А Т О Е Е М Ц А П Л Е Й Й Е
О Т Ш Е Т Т Л А Р Е А Н А У Н
И Ь А Н Е О Я Т И У Т М Р И А
И Е Е Е Н И И М М Е Т Н К Е Л
С Т А Н Д А Р Т Н Ы Х М А Т П
```

ПОЕЗДКА	АГРЕССИВНЫЙ
МИРА	ШТАТНЫЙ
ДИКИЙ	ЭТО
ЦАПЛЕЙ	ДЕПРЕССИЯ
ИМИТИРОВАТЬ	НЕТЕРПЕЛИВОЙ
КРАЙ	ДОЛЖЕН
СТАНДАРТНЫХ	СКАЧОК
ЛЕС	УКАЗАТЬ
ОДИНОКОЕ	КУХНЯ
ПЛАН	ОЧЕНЬ

Puzzle 69

```
М П Е У Н З И У С Т Т О И С Р
Н И О К С Н А Б А Р А Б С О О
О Т Б О И А Ь Т А К Е Л В Т О
Г А Е С И М С М Н Е Н И Е Р П
О Т С И Ф Е О С Е Л Р Т Е У О
К Е П П Н Н Б Е Л К А Е С Д Т
Р Л О С Н А С У Л Д Е К Р Н Е
А Ь К Л И Т В Е Н П И У Т И Р
Т Н О Н Ф Е И Ы В М Т Щ А Ч Я
Н Ы И Л У Л Т А Б Е И И Н А Л
О Е Т У И Ь Е У В Е Р Й Н Т А
И У С Ж П Т И И Р О Р А Т Ь В
И Р Я У А Н Е М О Н А П Д Е Т
К О Р М Л Е Н И Е Т И Е Л А У
```

СМИ   СЕВЕРА
ТЕКУЩИЙ   СОТРУДНИЧАТЬ
ОСЕЛ   ПОТЕРЯЛА
ПРЕБЫВАНИЕ   КОРМЛЕНИЕ
СПИСОК   АНЕМОНА
ОТВЛЕКАТЬ   МНОГОКРАТНО
МУЖУ   БЕЛКА
ЛЕВ   ЗНАМЕНАТЕЛЬ
БЕСПОКОИТСЯ   ПИТАТЕЛЬНЫЕ
МНЕНИЕ   БАРАБАН

Puzzle 70

```
Н  В  О  С  Е  М  Ь  Д  Е  С  Я  Т  И  С  Д
Е  Ы  В  И  Л  С  У  Р  Т  Ю  Р  С  Н  М  С
П  Т  А  У  Н  У  Х  Ы  Н  Н  А  М  Р  А  К
О  В  Е  С  Н  О  Й  М  О  О  В  М  О  Т  Г
Д  А  Т  А  К  У  Е  О  А  И  Т  Н  У  Ь  О
Х  К  Т  М  О  Н  Е  Т  Ы  Л  Е  М  И  Д  Р
О  И  Т  Т  В  М  М  С  У  Л  Ь  У  И  З  А
Д  Ф  С  В  У  У  М  Р  И  И  С  Ч  С  Т  Н
Я  А  С  Д  Е  Л  А  Н  О  М  И  Т  И  А  Т
Щ  Р  Р  А  З  Р  Е  Ш  Е  Н  И  Е  Т  К  М
Е  Г  О  Т  Р  И  Ц  А  Т  Е  Л  Ь  Н  Ы  Й
Й  Ы  Н  Ь  Л  Е  Т  И  Т  И  Х  С  О  В  И
У  С  Л  Ы  Ш  А  Н  Н  Ы  Й  И  И  И  Е  У
У  П  Р  А  В  Л  Е  Н  И  Я  О  С  И  Р  С
```

МАТЬ	ВОСХИТИТЕЛЬНЫЙ
ГРАФИКА	МАЛЬЧИК
АТАКУ	УПРАВЛЕНИЯ
ДУМАЮ	СДЕЛАНО
ГОРА	МИЛЛИОН
УСЛЫШАННЫЙ	ВНИЗ
ВОСЕМЬДЕСЯТ	РАЗРЕШЕНИЕ
ВЕСНОЙ	ТРУСЛИВЫЕ
НЕПОДХОДЯЩЕЙ	КАРМАННЫХ
ОТРИЦАТЕЛЬНЫЙ	МОНЕТЫ

Puzzle 71

```
Ы Т О Н Д Е Б С Т Е К Л А Н Ш
Б У Т М Й О Т С О Р П Е Н У К
У С С Е А Р В Ь Л Е Ж А Т Ь А
Т И Е О Т Е Т Е У Е Е А И Л Ф
Ы Л М Е Р А К А Р Б Я З Ы К А
Л И Р К Р Е М Р Е И К О Н Е Ц
К Е А Г У Е Т М У Н Я Ц Т Т Е
И Ю И Й Ы Н Д О Р О Г А Л Б Н
Т Ы Е Е Р М Е У Р У У Е Р И И
В А Т И О Г О Н Н Е Ш У С Ы В
М Е У А Р М С Ф Т П И С М В С
Р Е С У Т О Д Я Н У А П Т Е В
И И С М Е А М Т М Р А Л И У И
П И С Т О Л Е Т Р О Т Т Т С И
```

УСИЛИЕ	ШКАФА
БЕДНОТЫ	БУТЫЛКИ
СВИНЕЦ	МЕСТО
СТЕКЛА	ЯЗЫК
БРАК	БЛАГОРОДНЫЙ
КОНЕЦ	ПИСТОЛЕТ
ВЫИГРАТЬ	ЛЕЖАТЬ
ПРОСТОЙ	ВЫСУШЕННОГО
ОНИ	ТОРТ
ДОВЕРИЯ	СВЕРКАЮТ

Puzzle 72

```
С Я И Н Е Д И В Е Л Е Т А Р Е
Т Е О З Ч И С Л И Т Е Л Ь А Й
Е Щ И В О Р К О С О О П Т Ы Ы
Г Е Е Р Д Л Е У А Я Х Е Н Е Н
О И Ш Е Е Е И Е Б Е О Ь Т В Д
Д Л Е С Й А И Р Т Я Л М Е З О
О И У И С Я О П О Е П Р И Т Б
В Й И К Т С Е Ж Т В П А Н Е О
Щ С Е Т В Н Е И Р С А Д Н З В
И Р И И И О Ч Р С М О Н Е И С
Н Е Е И Я А С М А У Л М Н С О
У Д О Е Н М У Е Р Я Е И Р А Р
Т Ы О З Ж Е Н И Т Ь С Я У У Я
О Т Р Е Г У Л И Р У Й Т Е Щ Е
```

ГОДОВЩИНУ	ПОЯС
ИЗОЛИРОВАННАЯ	ЖЕСТКИЙ
ЗЕМЛЯ	ШЕИ
СЕРАЯ	СОКРОВИЩЕ
ТЕЗИС	ПЛОХО
ЕЩЕ	ДЕЙСТВИЯ
СВОБОДНЫЙ	ОТРЕГУЛИРУЙТЕ
ЧИСЛИТЕЛЬ	ЖЕНИТЬСЯ
ЗНАЧИТЕЛЬНЫЙ	СРЕДЫ
ПАН	ТЕЛЕВИДЕНИЯ

Puzzle 73

```
Н Т Д Р И С У И К Ж Е Р А В Л
Е У П Е У М Д И О А У О Н М О
П М Ф Б О Л Ь Р К Т И Я Ф Е Ж
Ф О Т Н Е М У Р Т С Н И Е Р К
А М Р О С А Т П Е В Т Н Е Л А
З Е С Т Т И М Б Й О М Е Т А З
А Т О Я А И Е М Л З И Ш С З И
И А Б А Р Т Н А Я Д Ф У Р А Р
В Е К Ч Н Л И Н Т У Е Р Р К П
Р Е О Я Е С И В Т Х Р З И О Р
И Н Р Р У Р С Е Н А М А О П Ю
Н Ж О О Т Т Р С И Ы С Р Ц Н С
Е И Л Г Д М Е И П П Й П И В А
В Н Ь А И И В Р Е Е Е У И А Л
```

ПОРТАТИВНЫЙ	КОКТЕЙЛЯ
РАЗРУШЕНИЯ	ПИВА
ВОЗДУХА	РИС
ВАРЕЖКИ	РЕБЯТА
БОЛЬ	ПОКАЗАЛ
КОРОЛЬ	СЮРПРИЗ
ГОРЯЧАЯ	ФАЗА
ЛОЖКА	НИЖНЕЕ
СЕБЕ	ВЕРСИИ
ИНСТРУМЕНТ	ЗАТЕМ

Puzzle 74

```
Б Л М У А Е Т У Л И И У Ы Е С
Е И А У С Е Н Т У Т Т Д А М Р
С С Р У Ч К И Д Г Д И С А М П
С Т И Т С М Е Х О В К Р В Р К
М О П О С Л Е Н В Ф Ч О О У С
Ы В А Р А А М Е О А А М Т А С
С О Л О Ж Н Ы Й Й Е К С П С К
Л Й Е Й Е Т С И К Е С С О Ш У
Е Л Я Е Я А Ч О Б А Р И В И Т
Н С И Д Е Н Ь Е Л И Е С О И Е
Н О Р Т Т И Б С О Н И У З Р Р
Ы Ц И Н Ь Л О Б О И Ц Д К С А
Х Е Ж Е Г О Д Н А Я О Е А Н М
И Е И П Р А В О П И С А Н И Е
```

ЕЖЕГОДНАЯ	СТУК
БОЛЬНИЦЫ	ВИДЫ
КИСТЕЙ	БЕССМЫСЛЕННЫХ
ЛУГОВОЙ	СКАЧКИ
ПОВОЗКА	СИДЕНЬЕ
РУЧКИ	ПОСЛЕ
ЛИСТОВОЙ	СКУТЕРА
СОЛНЦЕ	ЛОЖНЫЙ
СМЕХ	ШОССЕ
РАБОЧАЯ	ПРАВОПИСАНИЕ

Puzzle 75

```
И И С И М И К А Р Ь Е Р А П Е
К Ф Е Е М И О З О Л О Т О Р С
П Р Н У М О В И Ч Н Е Т С А З
О Ч У С Л И В А Т Ы П П Б В О
Л Е П Г О У Е Е М Н Р О Е И Л
И М О Т О В А Ь П А О М С Т Г
Ц Т Д И С В Р И Н З В Н П Е У
Е Р Х И И Ю О И П В Е Ю О Л С
Й И О П Т О А Й Н А Р А Р Ь А
С Я Д Я Л Г Д С Е Н Е Ц Я С К
К И И Р Я Т Ю Г Й И Н И Д Т А
О М Т И Е М Л О Л Е О Р О В Т
Й Е Н М О У Б А А М Е У К А Д
Т Т У О А О С Т А Т О К О Т Е
```

ЗОЛОТО	ЗАСТЕНЧИВОМУ
ПРОВЕРЕНО	ГЛЯДЯ
КРУГОВОЙ	БЕСПОРЯДОК
КАРЬЕРА	ЧЕМ
ТЮРЬМЫ	НАЗВАНИЕ
БОЙ	СЛИВА
ОСТАТОК	ПРАВИТЕЛЬСТВА
ПОДХОДИТ	БЛЮДА
ГУСАКА	КУРИЦА
ПОЛИЦЕЙСКОЙ	ПОМНЮ

Puzzle 76

```
Д С И У Т У Р Д И П А Р Т И И
Т Л Н Е Е Е Я Л Е Т А С И П Я
П О Т У Т О Б А Р Д И И Р Я С
Р М Е Е Т Н И П М А У Е С П Т
А А Р В П Ж Р А О О О Ш Ф Е Р
Ч Н Е А П А Г Н А Р Н А К У Е
Е Н С Г У Р М В Б У У Л О А Б
Ч Ы Н П У Т У О Т А Р У Х У П
Н Й О З Д И Д П А П Е Н О Л А
У Е А Е Ь Л И Т С Н Е Г Т И Л
Ю Р Е У С О М И С Е С Ы А И А
С М Ф М У Л Э К С П О Р Т А Т
И С П У Г А Н Н Ы Й Г П О У К
Е Т Д Т С М О Н Д И В Е Ч О И
```

ЭКСПОРТА
ДОБРОЕ
ИСПУГАННЫЙ
ГРИБ
ПАРТИИ
РАБОТУ
ОХОТА
МАЛОЛИТРАЖНОЕ
ПАПЕ
ДЕДУШКА

ИНТЕРЕСНО
ПИСАТЕЛЯ
СЛОМАННЫЙ
ПРЫГНУЛА
ЯСТРЕБ
ПРАЧЕЧНУЮ
ОЧЕВИДНОМ
СТИЛЬ
ПАЛАТКИ
СРАЗУ

Puzzle 77

```
Т Л Т Й Ь Т А Щ Я В С О П М И
Е С С Е И Е И Л Е Р Т О М С М
И С Е Е А Щ Т Д Б Е Е О М Е М
Л Е С Л Р Е Я О О У Н О С Е Т
С Я Ц Т Р И Е Т Р М А Л С А М
К О М М Е Р Ч Е С К И Й И И Л
М Н О Г О Ч И С Л Е Н Н Ы Х У
Ы Н Л Н Л С Е В О Л Л Р Г К Ц
Н А О Т А М Л К Т Р А Б Ж И Е
Ь Ч Т И Г А С У С У И У П Т Р
Л А С П У У П С А О Р И Е Н К
Ы Л П Е П Н Р А П К Е У Н О О
М И Е П Р И Г О В О Р А У З В
А Т Н П М К О М П Л Е К С А Ь
```

КОММЕРЧЕСКИЙ	СОН
БЛЕСТЯЩИЙ	СТОЛ
ПОСВЯЩАТЬ	ПРИГОВОРА
МНОГОЧИСЛЕННЫХ	ПУГАЛО
ЗОНТИК	ВКУСА
СТОЛОМ	ЦЕРКОВЬ
МЫЛЬНЫМ	КРУЖКУ
ДОМ	СМОТРЕЛИ
КОМПЛЕКСА	СТЕНА
МАСЛА	НАЧАЛИ

Puzzle 78

```
А М А И Ц И Й Ы Т С И Ч Е Ц В
В О Р Б И О Ы А Е У О Т И Е Е
Т Л Ы А Б Т Н У В П С А О Н О
О О С М Т Р Н И С У М И И Н П
Б Д С Р С Я Е Д И И Т С У О Р
У О О Ь И Р В В И Е М У В С И
С Й З Д А Р О И Н А Ы Н Т М
О И О А О Р Н Д В А Х С М И Е
М Е Е Ш Б И Г У М О Т Э О П Н
Р А М О К Ы М Р Д П О У Е М Я
Т Ц О Л П Р Л Ф Е Ы Р У Р А Й
В О П Р О С А А А Т Е И Е А Т
Б Г П Е Р Е Д А Ч У Ф Л М У Е
П Р Е Д Ы Д У Щ И Й Н Е Б О Е
```

МГНОВЕННЫЙ
ЦЕННОСТИ
ОПЫТ
АВТОБУСОМ
ВОПРОСА
МОЛОДОЙ
ИДЕЯ
СВЕТ
КОМАР
ПРЕДЫДУЩИЙ

ПРИМЕНЯЙТЕ
ВЫХОД
НЕБО
ПОЭТОМУ
ПЕРЕДАЧУ
СЫРА
ЗАБЫЛА
ЧИСТЫЙ
ЛОШАДЬ
АББРЕВИАТУРА

Puzzle 79

```
С Ж Е Л А Н И Я Т А Я С Д С Ц
Р К А У Т И С Т О А А М О И И
Е Л А Н С Л В Т Ш Т К Е С Т П
Д И Р А Е Р Н Д К С С Р Т У О
А П Ь И Р Е Е Е О Б В А И А Р
Я С Е Т А Ш И Е Т У Е З Г Ц А
Т Ы Л Е С В Т Ф О Т Л Д Н И Ж
А А У А Т И И И Р Ы О Р У И Е
У О М Д Ы Ц В О А Л Р А Т К Н
Д У М А Т И З А Я О О Ж У О И
С И К Л В В А Л Н К К Е Ю Р Е
И Е М Б С Л Р Е Н Е П Н А О С
Р И У О А Р Е Н А П Н И Е В С
П Е Р Е М Е Н Н А Я Е Я Т У М
```

КЛИПСЫ	ДОСТИГНУТУЮ
КОРОЛЕВСКАЯ	ПЕРЕМЕННАЯ
ЖЕЛАНИЯ	СУМАСШЕДШАЯ
ОБЛАДАЕТ	БУТЫЛОК
КОРОВУ	СИТУАЦИИ
АРЕНА	РАЗДРАЖЕНИЯ
АРЕСТА	СРЕДА
НЕНАВИСТЬ	РЕКА
РАЗВИТИЕ	ПОРАЖЕНИЕ
КОТОРАЯ	ОВЦЫ

Puzzle 80

Р	И	Л	П	К	В	А	К	И	Т	И	Л	О	П	Е
М	Л	Е	Т	И	Д	Т	Д	О	Я	Й	Ф	И	Б	М
А	Ц	Т	А	Н	Ц	Б	С	И	И	И	Й	Й	И	Р
Я	И	Н	А	Д	Е	С	А	З	Ц	Н	Ы	В	Б	А
Р	Е	М	О	З	Т	Р	Я	Р	А	Н	Н	Ы	Л	О
С	О	В	Ц	А	О	Е	И	В	Н	Е	Т	Т	И	Т
К	Л	М	А	Р	Н	Н	О	А	И	Р	С	А	О	К
Е	С	У	Г	П	И	Р	Р	Т	Б	Т	Е	Щ	Т	Р
К	Е	М	С	Е	А	Т	Д	Л	М	У	М	И	Е	Ы
О	Р	А	С	Ч	С	И	У	О	О	Е	В	Л	К	Т
Н	К	С	О	О	А	М	Ю	П	К	И	Т	И	А	И
С	Т	З	Н	У	И	Ь	Т	И	Ч	Ю	Л	К	В	Я
Н	А	И	П	Р	О	Ч	Ь	Т	С	У	П	А	Г	С
Р	С	О	Б	С	Т	В	Е	Н	Н	О	С	Т	И	М

ПУСТЬ
ВЫТАЩИЛИ
КЕКС
ОТЕЦ
СОБСТВЕННОСТИ
ИНОСТРАННЫЙ
МЕСТНЫЙ
ПРАЗДНИК
ОТКРЫТИЯ
БИБЛИОТЕКА

КОМАНДА
ДУЮТ
ПОЛИТИКА
ВКЛЮЧИТЬ
КОМБИНАЦИЯ
УТРЕННИЙ
ПРОЧЬ
ЗАСЕДАНИЯ
КРЕСЛО
РАЗОЧАРОВАН

Puzzle 81

```
Г П О Т Р Е Б Н О С Т И Т М И
О К Е И Ж У Р О Р Т С Ы Б А А
Л А Е Т Д М О Г У Щ Е С Т В А
О Т О Й Ц Е С И Ф П Т А Н М А
В Е У О Ь Т А В О Д Е Л С С И
А Г А З Д Ф У Л Р Н И А Я Н У
А О М В Е Ц Ь В Ь Д С Ж Р А М
П Р А А М З Т Ы А Н М Е А Р Е
Я И Е В У И Ы П У Т О Л С К Н
П Я О Ю А Е Б О Р А Л О К О Ь
Т М Т С М С И Л Б Т П И Р Т Ш
А С Е А И С Р Н Н И И М Ы И И
Я Л И М П Л П Я И Р Д Г Т К Т
С Л Т Е У Е Ы Й И Л Е Е Ь А Ь
```

БЫСТРО	ОРУЖИЕ
ИДЕАЛЬНО	ГОЛОВА
МЕДЬ	ПОТРЕБНОСТИ
МОГУЩЕСТВА	ВЫПОЛНЯЙ
МИЛЯ	ВЗОЙТИ
ПОЛЬЗУЮТСЯ	УМЕНЬШИТЬ
ИССЛЕДОВАТЬ	КАТЕГОРИЯ
ДИПЛОМ	ПРИБЫТЬ
РАСКРЫТЬ	ЛЕЖАЛА
СИЛЫ	НАРКОТИКА

Puzzle 82

```
У П У Р Е Ч Т А М А И Н И Т Е
В Ы С О Т А Е И Н Е Р Е М З И
И Т И А С Е М Т Е А З Е Ч С И
К О Л Ы Б Е Л Ь Ы А Т Т П И Г
П У С П Е Ш Н Ы Й Р Н С Р Г О
М О Т Е Л О М А С В Е Т О И Р
О И С З Н А К О М О М У Д К Ы
Т Д А Е Е Л М Р А К К Е О Ч Т
И А Р Ь Л Ы П Е П О Н О Л О Л
С Р Т У Т Е А Е Р Е С Т Ж Л С
И М Н Е Т С Н У Т С Е М А О И
С Н О О А Н П Ц С Т И У Ю Б И
Р Е К А М О П У Ы И Р Е Т О П
С Ч А С Т Л И В Е Й Ш У Ю У С
```

МАТЧ	УРОК
ЧЕТЫРЕ	КОВРА
ГОРЫ	КОЛЫБЕЛЬ
ПОСЕЛЕНЦЫ	ЗНАКОМОМУ
ПОТЕРИ	УСПЕШНЫЙ
ИСЧЕЗАЕТ	ОБОЛОЧКИ
ВЫСОТА	РАДИО
ИЗМЕРЕНИЕ	ПЫЛЬ
САМОЛЕТОМ	ПРОДОЛЖАЮТ
СЧАСТЛИВЕЙШУЮ	КОНТРАСТ

Puzzle 83

```
О К Г М А Л М Т Д Е Т А Л Ь Н
И Е О Н Ж О Р О Т С О Ф С С А
Т С Р Р В С Т Р Е Ч А П О Л М
М С О О А А Г Е Н Т А Р К О Е
А Р Д А Т Д С А В Ь Р О Р А Р
Р Е А Г И Р О В А Т Ь Г И Ф Е
М У М И Я Р Ь П Е А И У Т О Н
Р А С С М О Т Р Е Т Ь Л И Н А
И И Е Ь Н О И И Е У П К Ч Т И
Ф Р Н А Т М В Т И П О А Е А С
О Е З Р Е Т А И И А Л Н С Н М
Т А И М У И Б Н Т З Т И К М И
Ф Н Ф У М П О А К Ч Ы В И Р П
М О М Е Н Т Д А У М Н С Й Е Д
```

ПОДАРОК	ДОБАВИТЬ
НАМЕРЕНА	РАССМОТРЕТЬ
ЗАПУТАТЬ	ПРИВЫЧКА
ПРОГУЛКА	АГЕНТА
ВСТРЕЧА	ТЕНЬ
ОСТОРОЖНОЕ	ФАЗАН
ДЕТАЛЬ	МУМИЯ
КРИТИЧЕСКИЙ	ГОРОД
ПОЛ	РЕАГИРОВАТЬ
МОМЕНТ	ФОНТАН

Puzzle 84

```
О Й Ь А К И Л О Р К Н Н И Т А
П О Т Р Е Б О В А Т Ь О И Е Л
О Н С О О Б З Н Е Д Л С Т Т Е
Г И О Г Е О Д Ь Т У П И Р А Г
У Л Н Р О Х О Т П Н М И Ч Е К
Р Д Ь О Е Т Р И Т Л В С С Н О
Е И Л М Л Е О Н У У У С Т Е О
Ц У А Н И П В М Б Т О Ч Н А Я
Е Т Е Ы П Л Ы О А И Е Н Л Т Е
И У Р Е С О Й П Т У Ч Е Б Ы Д
Т М Р Л Е В Л А С О Е О У О П
С Н М У Б А Е Н Д С Т П У М А
Н У И Ф Я Я А Н Ь Л Ы П А Е Д
Б У Л О Ч К И В Е И И Е С А Т
```

УЧЕБЫ	НАПОМНИТЬ
БУЛОЧКИ	ПУТЬ
ДЛИНОЙ	НОТА
СЕБЯ	ТОЧНАЯ
ПЫЛЬНАЯ	РЕАЛЬНОСТЬ
ЗДОРОВЫЙ	ОБУВИ
КРОЛИКА	ЛИЧНО
ОГУРЕЦ	ТЕПЛОВАЯ
ЛЕГКО	ПОТРЕБОВАТЬ
ХОББИ	ОГРОМНЫЕ

Puzzle 85

```
Ы Р Д О Ж Д Л И В Ы Й Н В И Я
Р Т К О Т И Р О В К И Ф Е И Я
У А И И И Т Ц Л Т И И А Ц Н Р
Д М С Н С Е П С П З М Н Б А О
Е И С П Н М Е В И Г Е И У К С
Ц Л Н А Л П В Ч М Р И З Л О Т
О К М Е Л А Е И У Е Г Н А Н Н
Р О П Д У С В К Л Н У Е В Е Ы
П Е Р И К Ц Н И Р П Р Б К Ц Е
Е И Т О Й О К Д Т Т Д М А Т Ц
И М Г Р К Т Е Ы Н Ь Л Е Д Т О
П О В Е С И Т Ь О Б Е Р Т К И
А К А Д Е М И Ч Е С К И М И Н
О С Т А Е Т С Я И Е Т Т С Р А
```

БЕНЗИНА	ОСТАЕТСЯ
ПОВЕСИТЬ	КОТИРОВКИ
КЛИМАТ	ПРИНЦ
ОТДЕЛЬНЫЕ	ОБЕРТКИ
НАКОНЕЦ	ДОЖДЛИВЫЙ
КОНКУРЕНЦИЯ	АКАДЕМИЧЕСКИМИ
ПРОЦЕДУРЫ	БУЛАВКА
КОЙОТ	ТЕМП
ФИЗИЧЕСКОГО	ЯРОСТНЫЕ
РАСПЛАВИТЬ	ДРУГИЕ

Puzzle 86

```
П Т Р У Б К А Д С И А У А Я О
Р В А П Ь Т А З Я В С М С И С
О Е И И Н Р У А Ь Т А Л Е Д С
Б Щ И У Г У Т С Т А У О Ф А Н
Н И Й О Г О Р О Д Н Д Х О Н А
Ы С Н Ц Е П Ь О Р И Ф Е Р О Ш
Й И О А В С С Е И М Т Е М М Р
В Л М О А С Д С А Ц С Н А И Н
И С С Л Е Д О В А Н И Я Т Л У
И Н О Ь Я Ц С А Р Е В Й А Р Д
С М С Р Е П О З Д Р А В И Т Ь
Т Ы У М У О П А С Н О С Т Ь С
Р П О Д С О Л Н Е Ч Н И К М Т
Е П О Я В Л Е Н И Е У Р О Р Т
```

ДОРОГОЙ	ЦЕПЬ
ЛИМОНАД	СВЯЗАТЬ
РЫСЬ	ПОЯВЛЕНИЕ
ПРОБНЫЙ	ФОРМАТА
ХОЛМ	ОПАСНОСТЬ
ВИНОГРАД	ДЕРНУЛСЯ
ШАНС	ПОЗДРАВИТЬ
ДРАЙВЕРА	ПОДСОЛНЕЧНИК
СДЕЛАТЬ	ИССЛЕДОВАНИЯ
ВЕЩИ	ТРУБКА

Puzzle 87

```
Б Ф Е Д Е Р А Л Ь Н Ы Й О Е П
Ы П О Д Д Е Р Ж И В А Т Ь О С
Л Я Щ Е Р И Ц Ы Т Н В Р Д Е С
И М К У Е Л Р С П С С Ъ М Т И
Т О Р Л Ф А К Й О Р Е Л М Е З
С Р О Ц Т Ч П Л В М П И О О Ц
Е О Л Е С У Е У О И У О Л В Р
Н З И И Л Л С Е Л А Д С Г Е Р
И А К Н С О Р Р С М Т Н У Ж П
Р О У Е Т П Л Р А М Ф И Р Н Ф
П Р Е Д С К А З А Т Ь Ч Б А М
Т А С М Р Л А О И У Д Е М Р П
К У П И Л А У У И И П Г Г О О
Г О Т О В Ы И К Р М В О Ф И Т
```

УГЛОМ	ПРЕДСКАЗАТЬ
ЯЩЕРИЦЫ	ПОДДЕРЖИВАТЬ
ГОТОВЫ	СЛОВО
НИЧЕГО	ПОЛУЧАЛИ
ПОДЪЕМ	МОРОЗА
КУПИЛА	ОРБИТА
РИФМА	ПРИНЕСТИ
КРОЛИКУ	ЗЕМЛЕРОЙКА
БЫЛИ	ФЕДЕРАЛЬНЫЙ
ЛУК	ОРАНЖЕВОЕ

Puzzle 88

```
Е С И Н И Д Л С Р Я У Р Е И Г
Х У Д И Т И Т И Л О А Л Н Т Л
У Ы С Д Т Р И Т Н О М Е Р Р Я
Й Ы Н Е Л Е З Я У Д Ж Т В Е Н
И А У Ь О К И Е И Й Н Н П М Ц
С Ц С Е Л Т В Б Р А Т А О Р Е
А Й Ы Н Р О Л К Ь Л О Ф М Е В
М Т А Е Е Р С О Т С М И Т Ф Ы
Ы У А И Е А М О Р Щ И Н К У Й
Й В Э Л Л И П Т И Ч Е С К И М
Д П О К А Ч И В А Н И Я Е А У
П О Ж А Л У Й С Т А Т У Н Е У
С М О Р О Д И Н А К О В Б О Й
М О Л О Ч Н Ы Й С Е Е Т Е У Т
```

МОЛОЧНЫЙ	САМЫЙ
СМОРОДИНА	СЛАЙД
ДВА	РЕМОНТ
ФОЛЬКЛОРНЫЙ	КОВБОЙ
ЭЛЛИПТИЧЕСКИМ	ВИЗИТ
ПОЖАЛУЙСТА	СЛОЖНОЕ
ФЕРМЕР	МОРЩИНКУ
СОЛЬНЫХ	ГЛЯНЦЕВЫЙ
БРАТА	ДИРЕКТОРА
ПОКАЧИВАНИЯ	ЗЕЛЕНЫЙ

Puzzle 89

```
С Л Е Д У Ю Щ И Й У П О Э З У
И Я С Т Е Ж А К А Ж О Е К А Ч
О Е В А Г Е М У Т Е М О О П Р
И С К Л Ю Ч Е Н И Я И В Н Р Е
О Б Ъ Я С Н И Т Ь Р Л Б О Е Ж
Р Т А Н Л А Е Т А И О О М Т Д
В А Ч Е Р В Ь Т Р Е В Б И И Е
Т Б З Л Е С Т Н И Ц А И Ч Т Н
О О Л Л С Н О Т Ы Е Н У Е Ь И
Р Л О С И П У М И И И Р С У Е
Н Е Е Т У Ч А Я С А Я И К С М
И Е Е Л Е М Н И М И Е Н О Е А
К Т Г М Н Ы Б У З И Н П Г Т Т
С Т А Р Ш И Й М Ю С Р У О О Ц
```

ЗУБЫ	РАЗЛИЧНУЮ
МАМЫ	СЛЕДУЮЩИЙ
ЭКОНОМИЧЕСКОГО	ЧЕРВЬ
БОБ	БОЛЕЕ
ВСЕ	ЗАПРЕТИТЬ
УЧРЕЖДЕНИЕ	ГЛУПО
КАЖЕТСЯ	ВТОРНИК
ИСКЛЮЧЕНИЯ	ЛЕСТНИЦ
СТАРШИЙ	ОБЪЯСНИТЬ
УЖЕ	ПОМИЛОВАНИЯ

Puzzle 90

```
П С М П Е Н З С О Н З И О И К
Т О О Г О Н С А П О З Е Б А О
М А М Л У Ц И О К О Е У В У Г
Н Н П А И Л И Е Р О Р И Р Л Д
Р Е З Е Р В Н О Г О Н И Ж У А
Л Е У К У С М Л Ы С А Ч Т А Н
Р А С С Л А Б И Т Ь И И И Ь М
М Р О О У А Е С А И Н Д О Т О
Б О Л Е З Н Е Н Н О Д У А Т Ь
Р У А Н И С М Н И С Е Р Ч Е В
У Н М В Н И О У П Е К М Н Е У
Е М Л О В Н М А Ш Т С Н Л И Б
П Р А В И Л Ь Н Ы Й О Т И Б О
Г Р У З О В И К И Н М Н С Т И
```

ЧАСЫ	КОГДА
СПОРИТЬ	ЧТО
РАССЛАБИТЬ	БОЛЕЗНЕННО
ВНИЗУ	ПРАВИЛЬНЫЙ
ШПИНАТ	ОБУВЬ
ЗАКОНЧИТЬ	РЕЗЕРВНОГО
ИЗНОС	БИТОЙ
УЖИН	БЕЗОПАСНОГО
ВНЕ	ГРУЗОВИК
УКУС	ИНДЕКСОМ

Puzzle 91

```
О Т Н О Ш Е Н И Я Н М Е И Т П
Т К Р У П Н Ы Й Е Е Ф Е М А Я
Р И О М О Й У Л И Д А Е А Г Е
Е Ц Д Ь Т И Т И Щ А З С Н С С
Б И Е Й С Т О И Л В И Е С Н А
У З Ж И А Е Е Ю Е Н Н А А О Т
Е А Д К Ч Л Б О У О Л Е Е И И
Т Н А О И И Н С К Е А М Я М
С Я П С М Т П Р О Д Л И Т Ь И
Я Т Ф Ы Р Я П Р Е Р В А Т Ь Л
С Ы Й В И С К А Ж Д Ы Й О А О
М Й И Е В Е Ь Т С И Л И С Е Л
Я С Т Е А Д И Ж О П У С Е Ф А
П Е Р Е Г О В О Р Ы С Т И О С
```

МИЛО	ЧАСТО
КАЖДЫЙ	ТРЕБУЕТСЯ
ПЕРЕГОВОРЫ	ЛИСТЬЕВ
ОЖИДАЕТСЯ	ПРОДЛИТЬ
ЗАНЯТЫЙ	КЛАССЕ
НЕДАВНО	КРУПНЫЙ
ЛЮБИМЫЙ	ЯГНЕНОК
ПРЕРВАТЬ	ОДЕЖДА
ОТНОШЕНИЯ	ВЫСОКИЙ
ЗАЩИТИТЬ	ДЕСЯТИЛЕТИЙ

Puzzle 92

```
С М Т Т У А М Й Ю Д Л П М Е Т
Е Л О Л Д Ц М Л Н И А Р А И У
А И К Г П И А Ю А И О У Т Ф Р
Е И Е У О Л Р Д М Н С С Д И Т
Ц С И Р Р Г М Е Т Е В О С Е С
В М У Т Р И У Й И Ы А У Р У Ч
Т М Й И Щ Ю У Р И Н И М О Д Е
Б Ф Р Е Ь Р А Т Д Ч М О А Р Т
У П А К Т Ы П О П И И К О Г О
Д Е К У А И И И И Л С С С П М
Е Р Ш У Д Р М Р О З Е И Р А Е
Т С О П Ж Т И Н Т А С Р П П О
Е М К Е М Ы Н М О Р Г О Ф А И
П О Р Ц И Я Т Е П Л О В Ы Е И
```

ДЮЙМА	ЦИКЛ
ДРУГОГО	ЛИЦА
КОМУ	ВСЕГДА
ЖДАТЬ	СОВЕТ
ПОПЫТКА	ТЕПЛОВЫЕ
ЛЮДЕЙ	ПОРЦИЯ
ПОСТ	РИСК
СЧЕТОМ	ОГРОМНЫМ
РАЗЛИЧНЫЕ	ДОМИНИРУЮЩИЙ
КОШКА	БУДЕТ

Puzzle 93

```
Р Т П Е У И Ф И М С С А Л К У
В Е С О Е Т В Ь А Л М А Б Е Т
Н О Г П Р И П М О А Т А У Ы Т
Е Т Т У К Я Н Е И Д М У Й Н О
З С Р М Л О Д С М К О Р В Н Ь
А И И Р Т И С К И У У А О Е Ч
П Ч Ф М Е Р Р П А Ю О С Л В Е
Н М Н О Г О В О М Й Ю Д Ы Т Л
Ы А Г Н О Т Е А В И Х Ы П С В
Й И Р А С С О Л Г А М С А Е И
С О Р Р И Х Ы Н Т У Н И М Щ Р
П Р И К Л Ю Ч Е Н И Й И И Б П
К Р О В О Т Е Ч Е Н И Е Е Е О Е
М И Г Р А Ц И Я Е Л Б М М У М
```

МНОГО	БУЙВОЛЫ
ДЮЙМОВ	ГЛОССАРИЙ
МИГРАЦИЯ	ВНЕЗАПНЫЙ
СЛАДКУЮ	ВСПЫХИВАЕТ
ПРИВЛЕЧЬ	МИНУТНЫХ
ПРИКЛЮЧЕНИЙ	СЕМЬИ
КИВИ	ЧИСТОЕ
ПОРЯДКА	ОБЩЕСТВЕННЫЕ
КРОВОТЕЧЕНИЕ	РАНО
РЕГУЛИРОВАНИЕ	КЛАСС

Puzzle 94

```
С Х Ы Н Ь Л Я О Л О О Р Ц А С
Ф О У С А Т Н Е И Н Т К Т С Ф
С Д И Я Е Ж Е Е П М Ы А В П О
Н Ь П Н Е О С Е М Т П К У Е С
Й Б М Р М Т Л К С И О П П Ц Е
Ы Ы Б Н И О Г Р Т А К М В И Р
Н Е А М К М А С Т Е Р О М А В
Н С Я И Н Е Л М О Д Е В У Л И
Е У Л П О Б В И Н Я Ю Т Е Ь Р
Л Е Р О Р Е Ш И Т Ь Т С Д Н О
В У Е Ч О Ж И Д А Т Ь З Е О В
И Е Р Т И Г Р О К У Е О Ц Г К
Д Т Ю А М И Н О П О И Н О О Е
У П Р И Ч И Н Ы П И У С Я Ф О
```

НЕБРЕЖНО	УДИВЛЕННЫЙ
ПОЧТА	ПРИЧИНЫ
СПЕЦИАЛЬНОГО	ЛОЯЛЬНЫ
ОБВИНЯЮТ	УВЕДОМЛЕНИЯ
МАСТЕРОМ	ОЖИДАТЬ
КАК	ХОДЬБЫ
РЕШИТЬ	ПОНИМАЮТ
ИГРОК	ПОИСК
ВЕЛИКОЛЕПНО	ПОЕЗД
КОПЫТО	СЕРВИРОВКЕ

Puzzle 95

```
В У Е Ц И Н Г Р Е Д И Е Н Т А
Ы Б П Р Е Д П О Л О Ж И Т Ь Е
С И Т И П И Ч Н О Й Е Н П С Е
О З Р Е Д А К Т И Р О В А Т Ь
К О А Ф Н А К О Р Т С Д Т М Е
И Н Н С К Б О П А С Н О У Е П
М О У Й А А С Я М И И Б Н Т Р
Т В О И Н Ж Т И Т У Л Д Е А А
Ь Т И Н Ж О Р О П О Е Я Н К К
С О У И Н Е Р О Е Л Р У Н И Т
Р О А Д И Е Л О С Е Т Е И Л И
Е Т М О В У С О Т Т С Р Е Б К
Т С Ц И Ц Р П З А М Е Н У У А
Л А К К У Р А Т Н О Й С У Д О
```

РЕДАКТИРОВАТЬ	ДУБЛИКАТ
СТРОКА	ТИТУЛ
СТОЙКА	ТИПИЧНОЙ
ПОСЛЕДНЕЕ	ИНГРЕДИЕНТА
ОПОРОЖНИТЬ	ЗАМЕНУ
ЖАБА	ВЫСОКИМ
БИЗОНОВ	ПРАКТИКА
МЯСА	ОПАСНО
ПРЕДПОЛОЖИТЬ	ОДИН
АККУРАТНОЙ	ТЕРЯЕТ

Puzzle 96

```
Б С О О Б Щ Е С Т В О Е Д О Е
Д О Н А Ц И О Н А Л Ь Н А Я О
О М Л С О О Б Щ Е Н И Е Е О Т
С Ь Т Ь Т И Б Р О К С О В Г Н
Т С Т А Ш Н А У Т Н Т Т О Р О
И И Н Е Р И С И Ц Е С Ф Т А Ш
Ч П И Н О Р Н Р У Д Л У С Ж Е
Ь Е О Н Ш О К С О Р Д Р Т Д Н
Т Д И З А Й Н В Т Ф Е Н Р А И
Ы Т К У Р Ф З Т Н В С П Ь Н Е
Б П В Н В И Н З И Ж О Т С С Р
А К О С О И У И Е Р С Т С К Т
З У И Р Т Р Т Т Л А П У И А С
Т С П Т У Е И Н Ч Е С Р Р Я С
```

ДОСТИЧЬ	ЧАСТЬ
ДИЗАЙН	ЖИЗНИ
СОСЕД	СОКА
ГРАЖДАНСКАЯ	ПРОИЗВОДСТВО
СИРЕНИ	СООБЩЕНИЕ
НАЦИОНАЛЬНАЯ	ЗАБЫТЬ
РОСКОШНОЕ	ОСКОРБИТЬ
ОТНОШЕНИЕ	ФРУКТЫ
УПАЛ	ПИСЬМО
СООБЩЕСТВО	БОЛЬШИНСТВО

Puzzle 97

```
А Н А П Ь Л Ю Т Д Т Т М С Р М
П К А Н Р Е Т С А П Ц И Ю У Е
С У Р А П Т И Р В Е О Ь Л А Д
О Л Я А Е А О Ш И П В Т У С И
Ц И С С А Ю У Р Ч Р С А З Л Ц
И С Ь Р С Щ Р Л Е У Ц Ж Н Е И
А Ы Т У Н И М Т Е Ш Л Р А Х Н
Л В А А Р Й Н И Т Т Х Е В О Ы
Ь П Ч Т Р И Л И П О Л Д А К Е
Н Е У Ь М Е С О В Р Е Д Т К С
О Р Л Т Д И У М Т М Б О Ь Е Н
Г Е С И Т Е Г Н М У Р П И Й П
О Д В П Р Е Д Л О Ж Е Н И Е М
Р И Н А Б Л Ю Д Е Н И Я У Д Е
```

ВИДЕЛИ	ПАСТЕРНАК
ВПЕРЕДИ	ЛУЧШИЕ
ХЛЕБ	ТЮЛЬПАНА
МЕДИЦИНЫ	СОЦИАЛЬНОГО
НАБЛЮДЕНИЯ	ПАРУС
МИНУТЫ	ШТОРМ
ХОККЕЙ	ВОСЕМЬ
ИНТЕРВЬЮ	УЗНАВАТЬ
ПРЕДЛОЖЕНИЕМ	ЛЕТАЮЩИЙ
СЛУЧАТЬСЯ	ПОДДЕРЖАТЬ

Puzzle 98

```
П  Р  С  У  М  Е  Н  Ь  Ш  Е  Н  И  Е  Р  П
Р  У  Е  М  О  Ч  К  И  Ь  Ф  С  Н  П  И  Р
Е  П  Е  С  Е  М  Е  Т  Н  У  А  Т  О  Н  И
Д  Г  И  Т  И  Р  С  П  И  Л  О  Т  П  А  Р
О  Л  К  Е  Т  А  Т  Е  Е  С  С  И  Р  П  О
Т  О  С  Л  Л  Ы  С  Е  А  И  Л  И  О  Р  Д
В  Б  Й  В  М  В  Т  Л  Л  У  С  Ч  С  Я  А
Р  У  Е  М  Н  А  Е  О  П  Ь  Т  Я  И  Ж  К
А  С  Ц  Й  Ж  Н  О  Д  Л  У  Н  С  Л  Е  Т
Т  Л  И  Ы  Е  А  Е  К  М  Е  У  Ы  И  Н  Р
И  Е  Л  Л  В  К  Е  И  Е  У  Т  Т  Й  Н  У
Т  И  О  Е  П  О  Л  Е  В  К  А  О  И  О  К
Ь  Т  П  М  С  У  П  О  В  Е  Д  Е  Н  И  Е
Я  Т  Л  С  Н  Е  С  Ч  А  С  Т  Н  Ы  Й  Р
```

КАНАВЫ
СМЕРТЕЛЬНЫЙ
ПИЛОТ
ПРЕДОТВРАТИТЬ
ОЧКИ
НАПРЯЖЕННО
ПОПРОСИЛИ
ЛОДКИ
ВЛАСТЬ
ГЛОБУС

НЕСЧАСТНЫЙ
ПРИРОДА
ТЫСЯЧИ
СМЕЛЫЙ
ПОЛИЦЕЙСКИЕ
КУРТКА
УМЕНЬШЕНИЕ
ПОЛЕВКА
ЛЫЖА
ПОВЕДЕНИЕ

Puzzle 99

```
С У П Р У Ж Е С К У Ю Ь П П Р
О Б Н О В Л Е Н И Е Т Т Р О Е
Т Ч С Т А У Т И Ы И Д А О С К
О Р П У Т С О Д С П О В С Т Р
Ф Е В Р Л У И А А Р Г О Л Е Е
Р З У К З У Л Б Б Е О Р Е П А
О В М У П Г О Т Л Д В И Д Е Ц
Н Ы Т У И М И С О Е О Т О Н И
Т Ч У Р О А И В К Л Р Р В Н О
И А П П Р О С Т И Р Ы О А О Н
М Й О К О С Ы В Т Ц Р С Т А Н
И Н В Р Е Л У И А С В И Ь О Ы
Ф О А А И Л А Р М М Ф У Л И Х
З Д О Р О В Ь Е Н Е Т М Т У Л
```

ЧРЕЗВЫЧАЙНО
РЕКРЕАЦИОННЫХ
СОРТИРОВАТЬ
ОБНОВЛЕНИЕ
ПОСТЕПЕННО
ПРИГЛАСИТЬ
КРУТО
ПРОСЛЕДОВАТЬ
ЗДОРОВЬЕ
РЫЦАРЬ

ФРОНТ
ДОГОВОР
РАД
ПРОСТИ
БЛУЗКУ
ДОСТУП
СУПРУЖЕСКУЮ
КОЛБАСЫ
ВЫСОКОЙ
ПРЕДЕЛ

Puzzle 100

```
У У М Н А Е Ы П Ю Т И У И Й М
Я А Ш И Л Н П Л Г Н Г Е О О М
М П С И О И О А У С М Х В Н Т
Р И У Р В Н П В Е О И Л И Ж Е
А Ь О Т Т Ц Р А Е Т Н А Л Е Р
Р Т С Е С И О Т Е Н А А Ж Н П
С И Л М М Д Б Ь М Р С Р Е О Е
П Ч О О С Е О Ш В Е Д А В С Р
О А М М В Н В М А Р П Д Е Л Е
С Н А Р Т Т А П Е Н У С П В Л
Т З Л Е С О Т П С М Т Ф У У О
Е А А Т Р А Ь У Е Р Т Р Е Т М
Л Н Л М У Т И З А П А Х Т Т С
И Т Ф О Т О Г Р А Ф И Я Я И А Е
```

НЕЖНОЙ	СЕСТРА
НАЗНАЧИТЬ	СТОРОНЫ
ШВЕДА	ЮГУ
ФОТОГРАФИЯ	ТИХОЙ
ПОПРОБОВАТЬ	ПЕРЕЛОМ
ИНЦИДЕНТ	ЛИШАЯ
САНИ	ТЕРМОМЕТР
ПОСТЕЛИ	ВЕЖЛИВО
СТВОЛА	ЗАПАХ
СЛОМАЛ	ПЛАВАТЬ

Puzzle 1

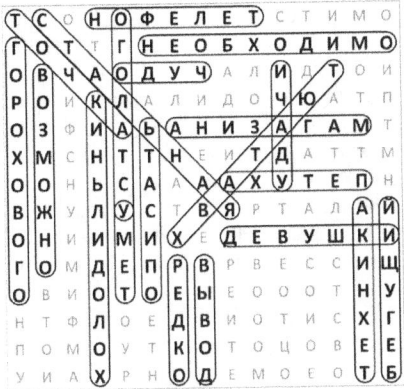

Puzzle 2

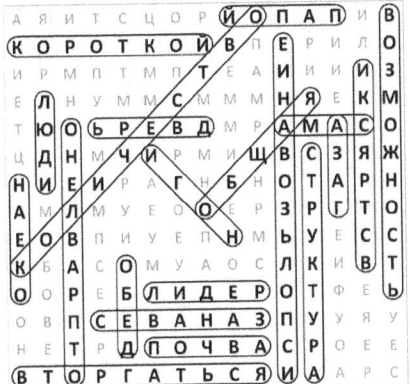

Puzzle 3

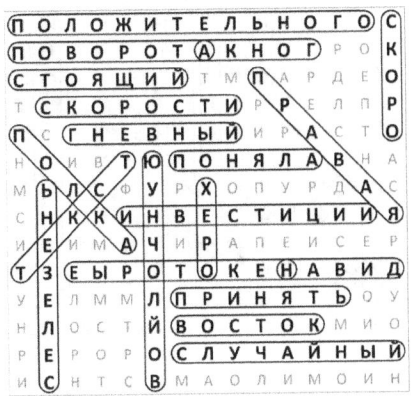

Puzzle 4

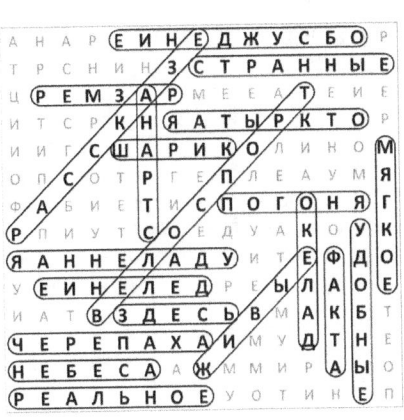

Puzzle 5

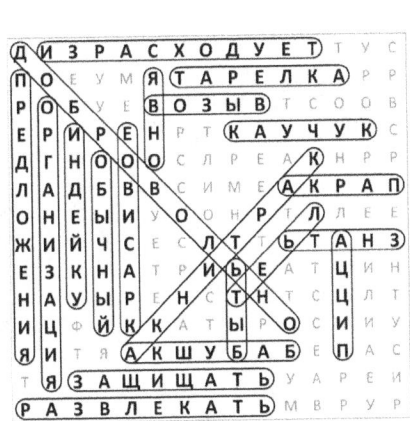

Puzzle 6

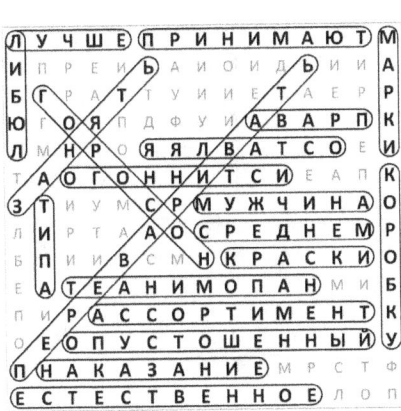

Puzzle 7

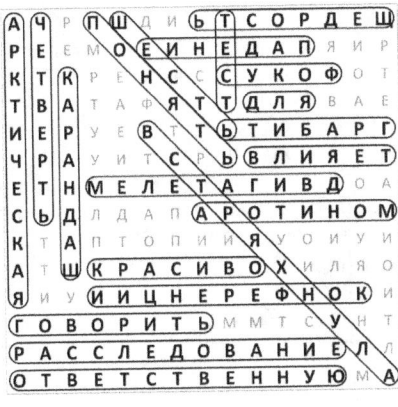

Puzzle 8

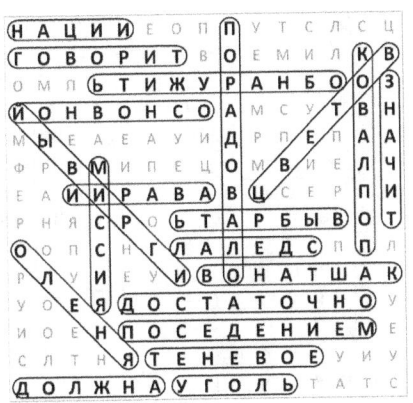

Puzzle 9

Puzzle 10

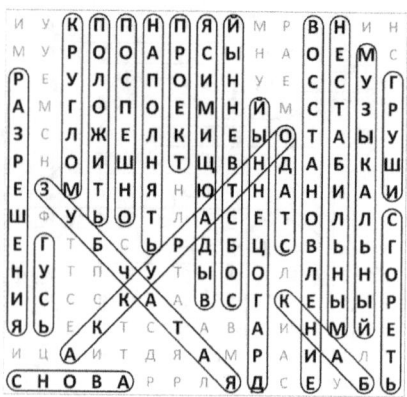

Puzzle 11

Puzzle 12

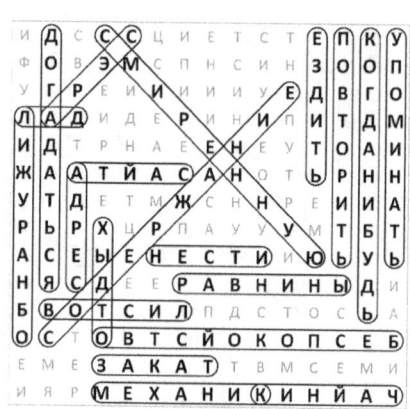

Puzzle 13

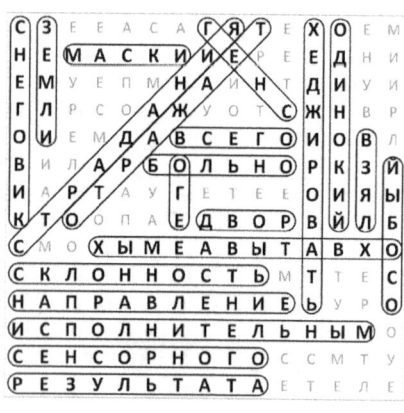

Puzzle 14

Puzzle 15

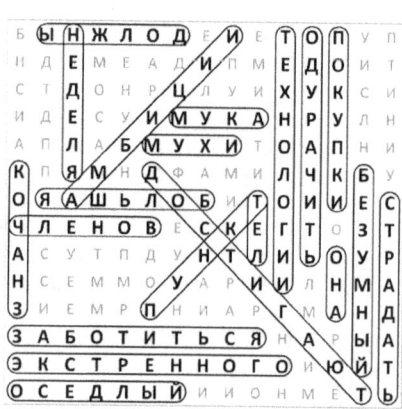

Puzzle 16

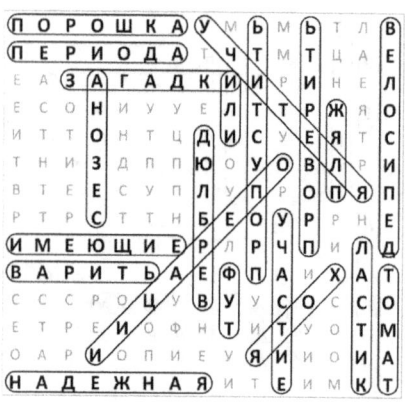

Puzzle 17

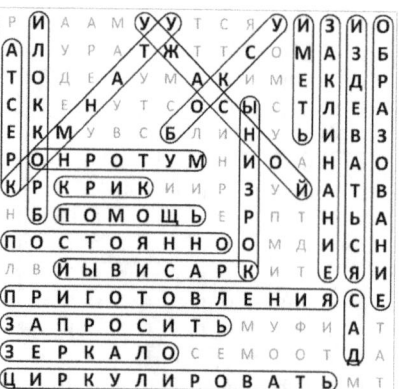

Puzzle 18

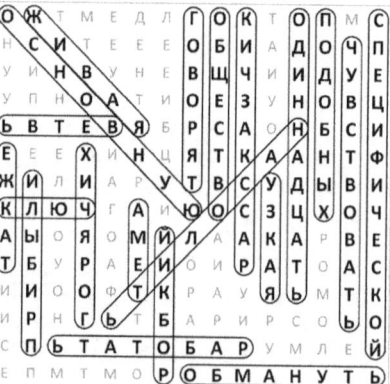

Puzzle 19

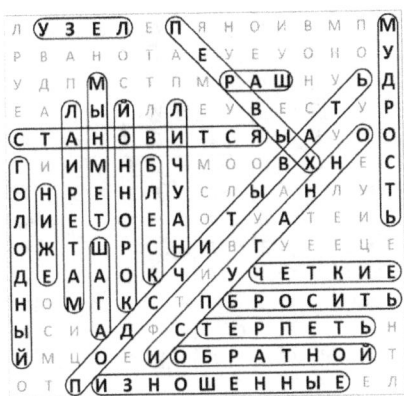

Puzzle 20

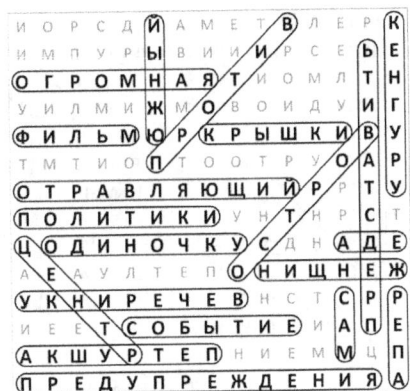

Puzzle 21

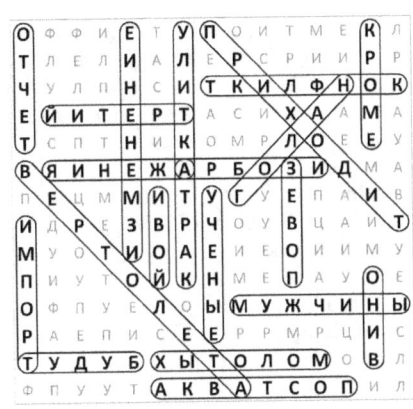

Puzzle 22

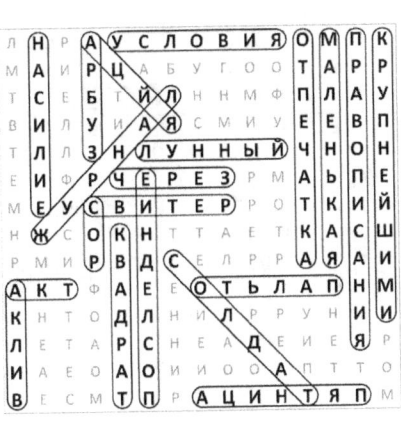

Puzzle 23

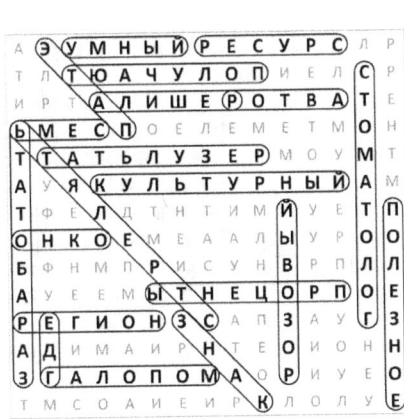

Puzzle 24

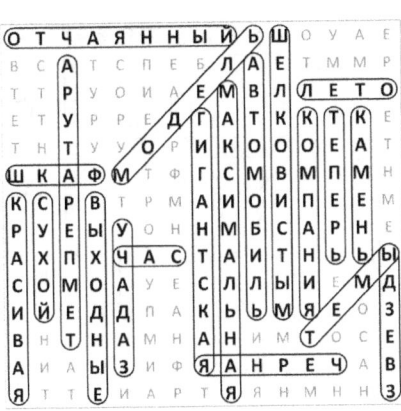

Puzzle 25

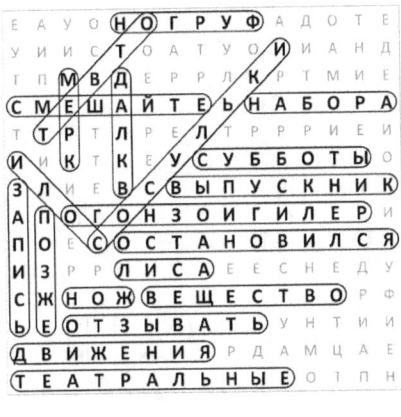

Puzzle 26

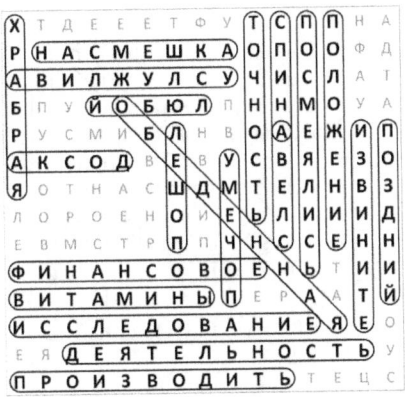

Puzzle 27

Puzzle 28

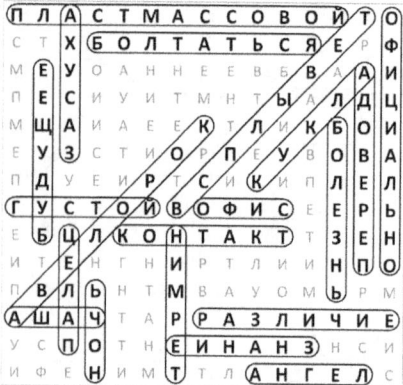

Puzzle 29

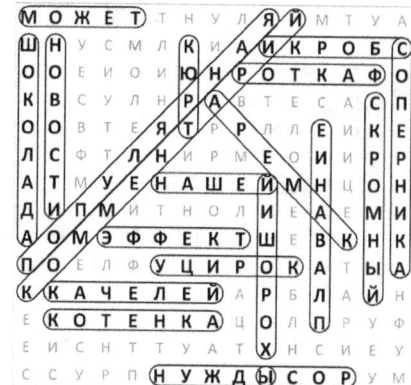

Puzzle 30

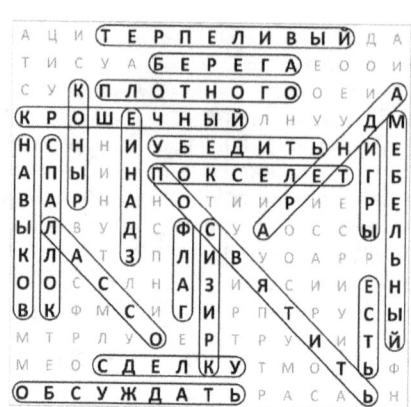

Puzzle 31

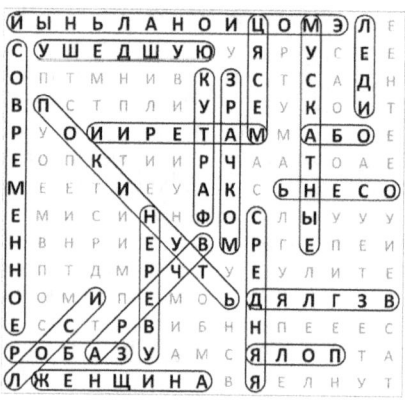

Puzzle 32

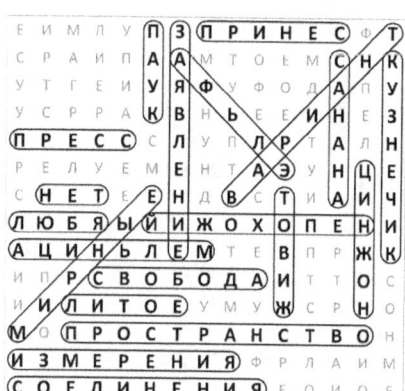

Puzzle 33

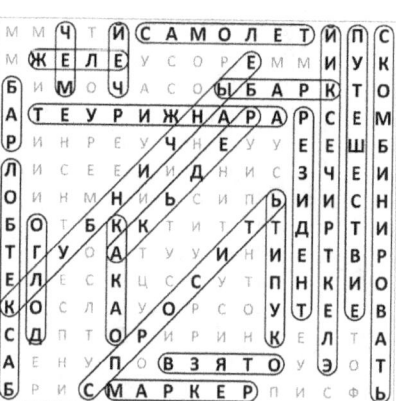

Puzzle 34

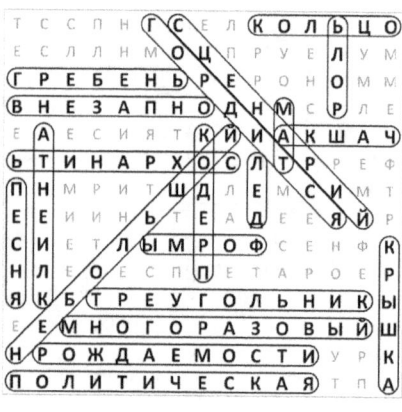

Puzzle 35

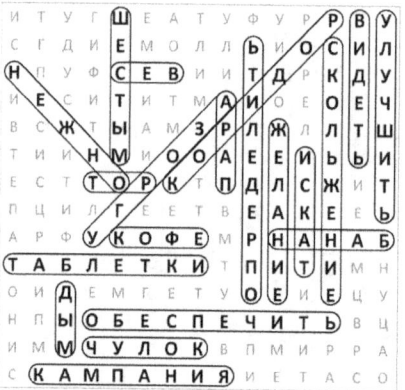

Puzzle 36

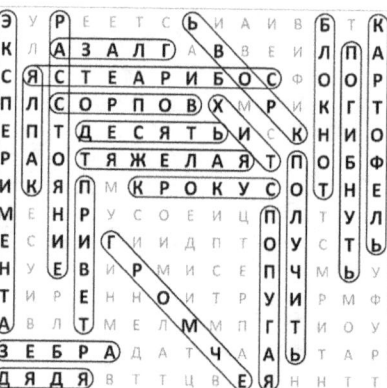

Puzzle 37

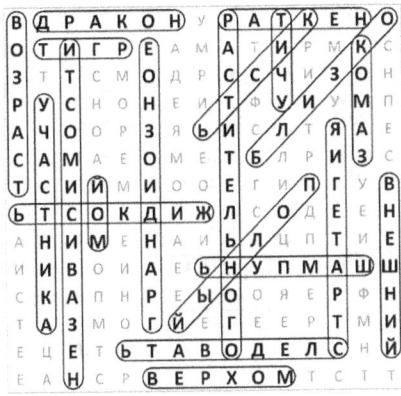

Puzzle 38

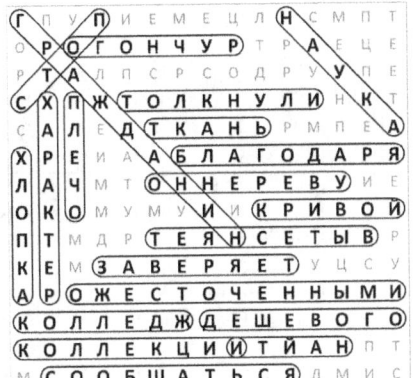

Puzzle 39

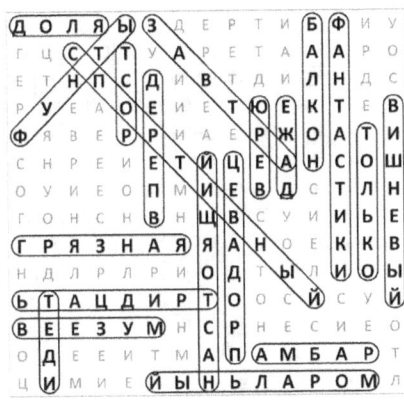

Puzzle 40

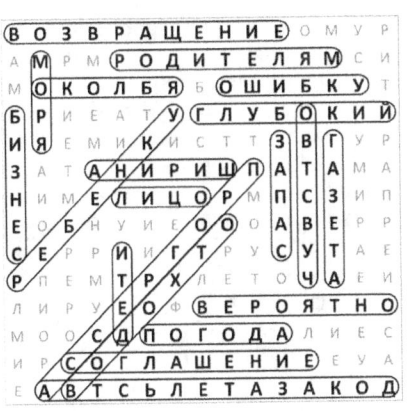

Puzzle 41

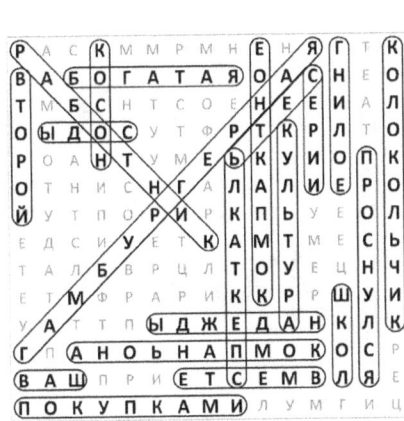

Puzzle 42

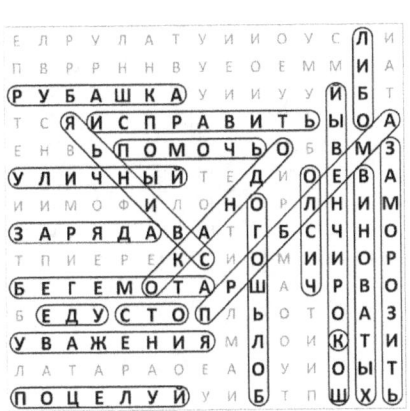

Puzzle 43

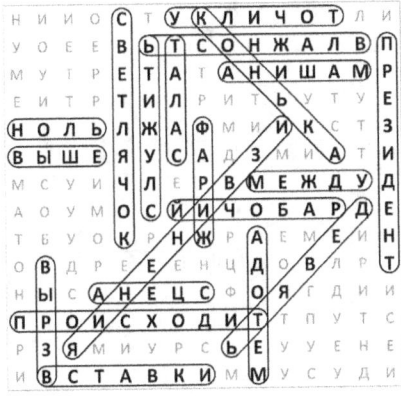

Puzzle 44

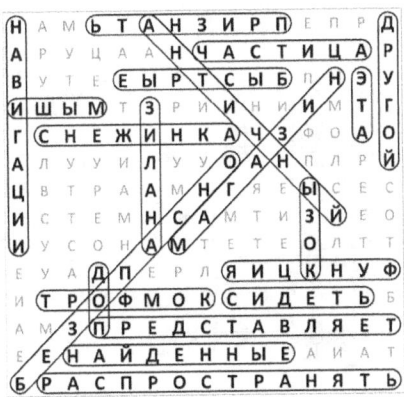

Puzzle 45

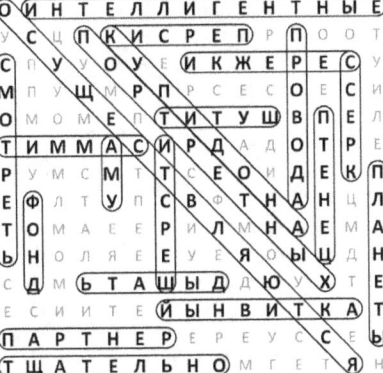

Puzzle 46

Puzzle 47

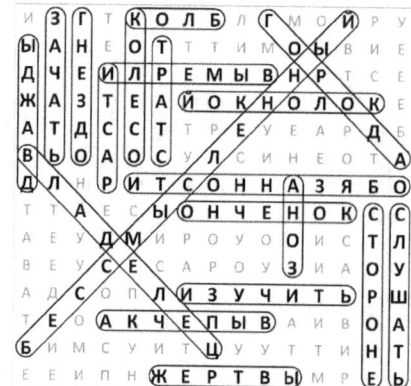

Puzzle 48

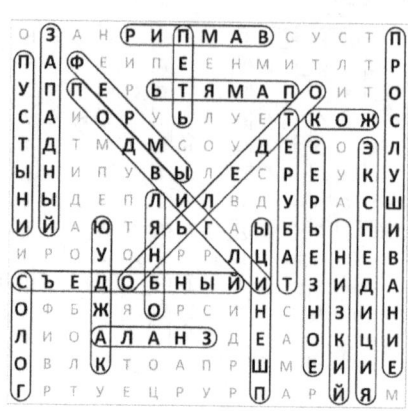

Puzzle 49

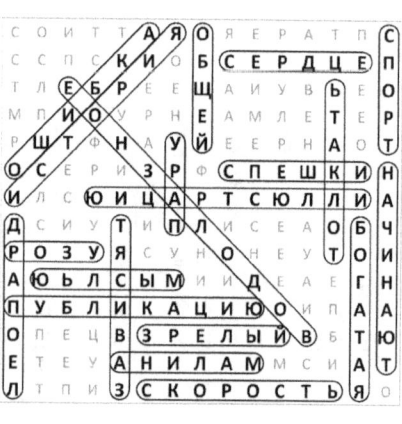

Puzzle 50

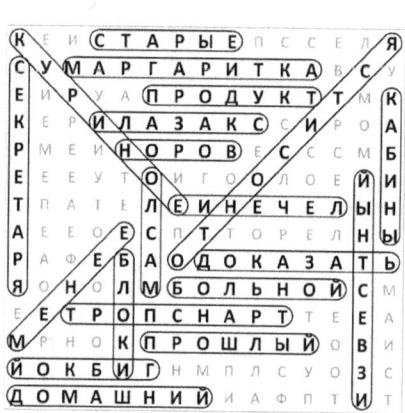

Puzzle 51

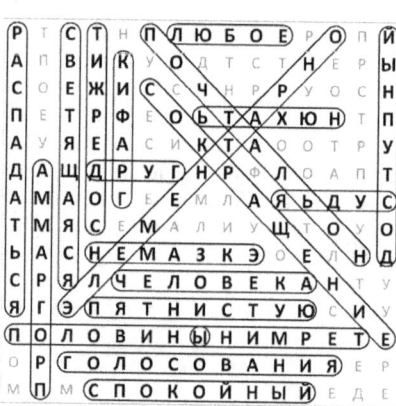

Puzzle 52

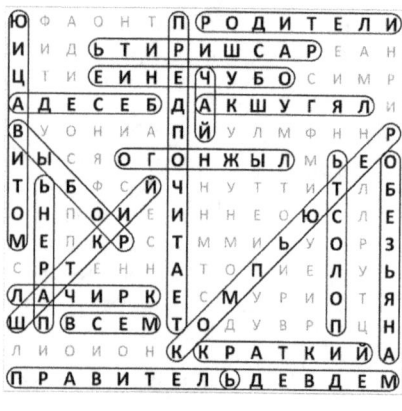

Puzzle 53

Puzzle 54

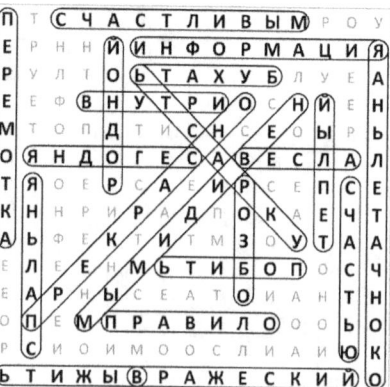

Puzzle 55

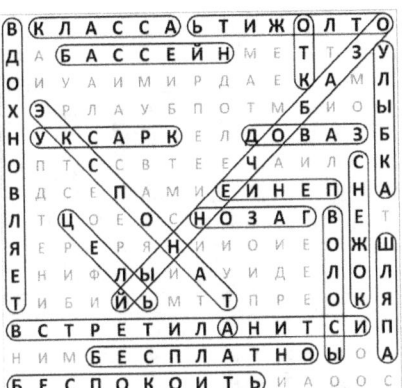

Puzzle 56

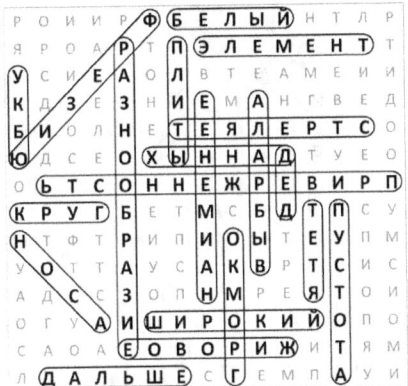

Puzzle 57

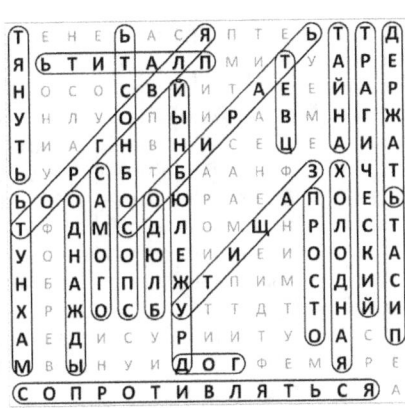

Puzzle 58

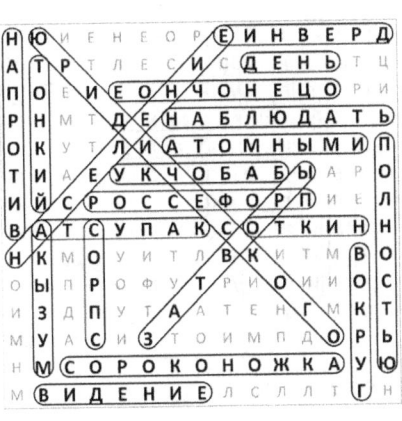

Puzzle 59

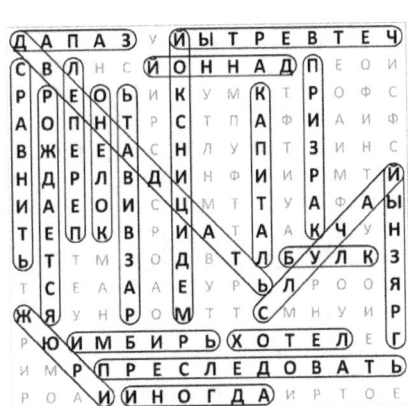

Puzzle 60

Puzzle 61

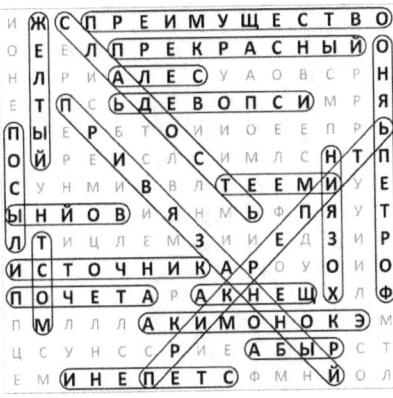

Puzzle 62

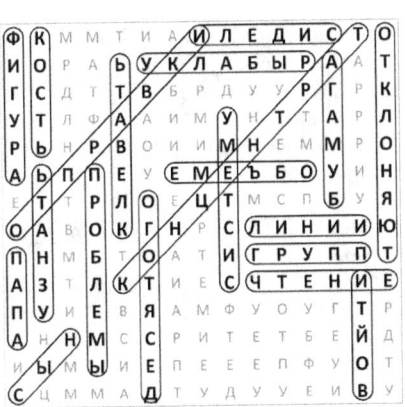

Puzzle 63

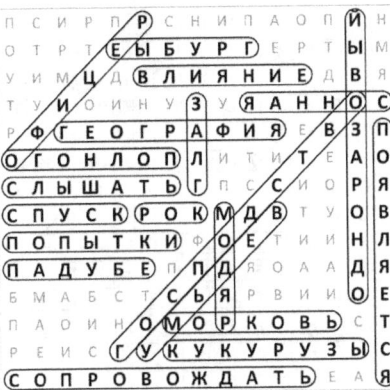

Puzzle 64

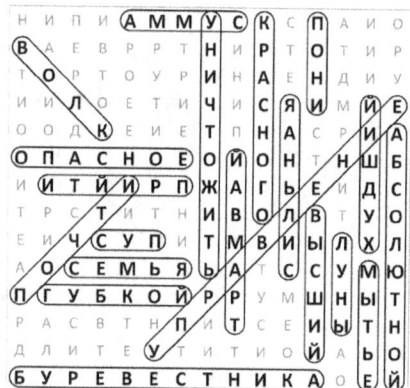

Puzzle 65

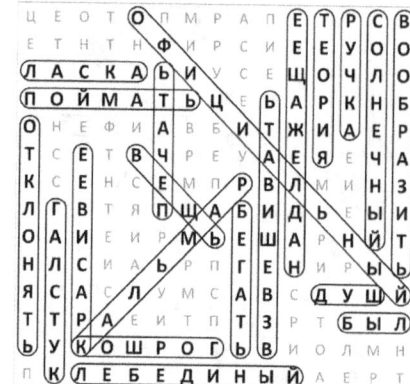

Puzzle 66

Puzzle 67

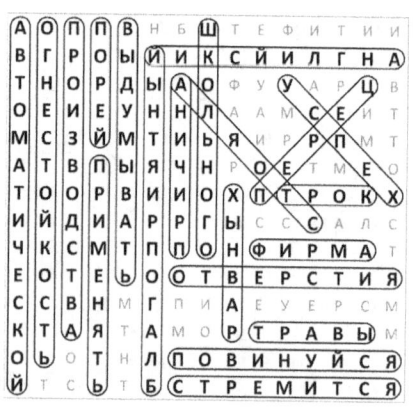

Puzzle 68

Puzzle 69

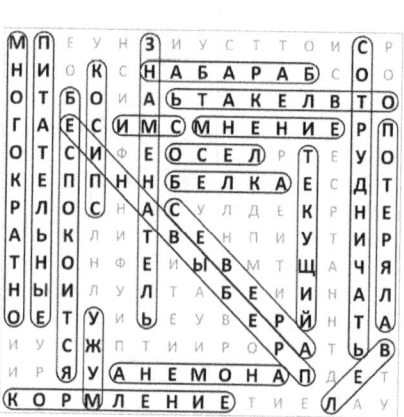

Puzzle 70

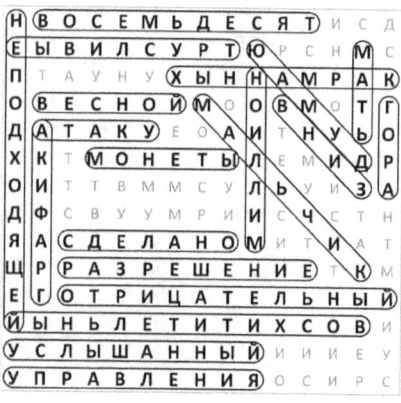

Puzzle 71

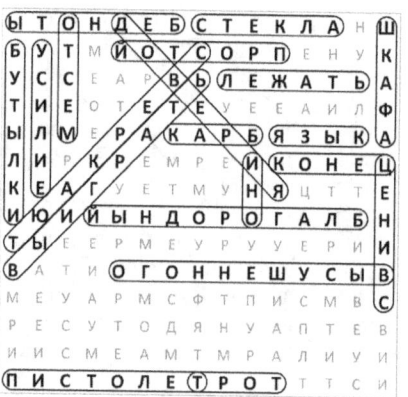

Puzzle 72

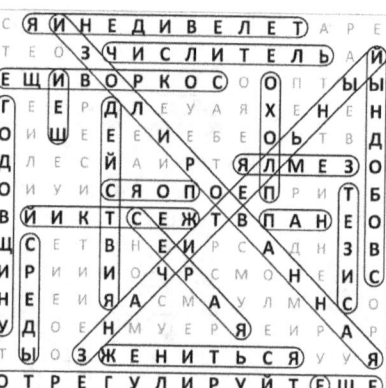

Puzzle 73

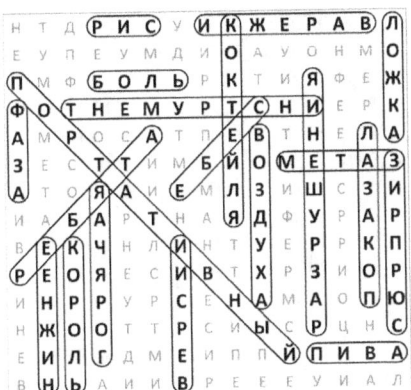

Puzzle 74

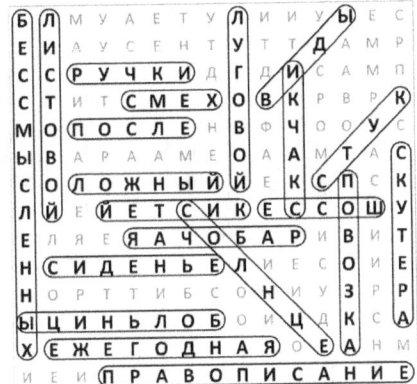

Puzzle 75

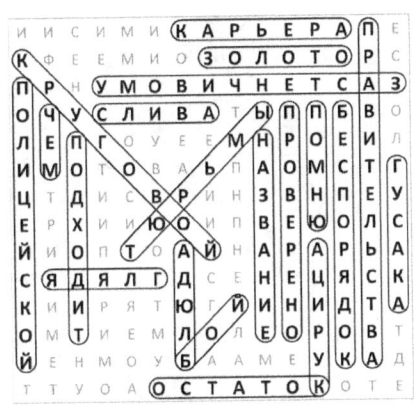

Puzzle 76

Puzzle 77

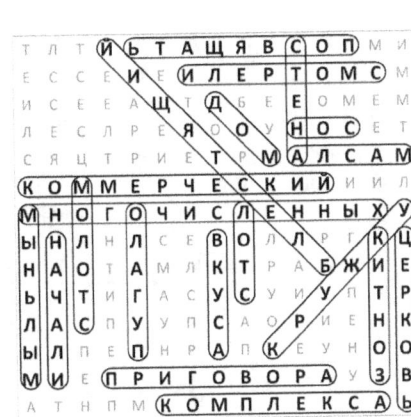

Puzzle 78

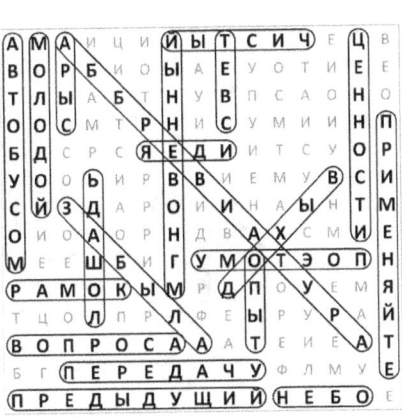

Puzzle 79

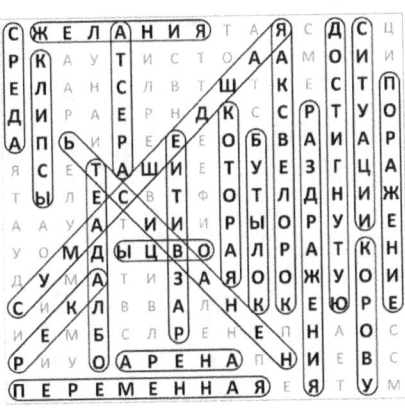

Puzzle 80

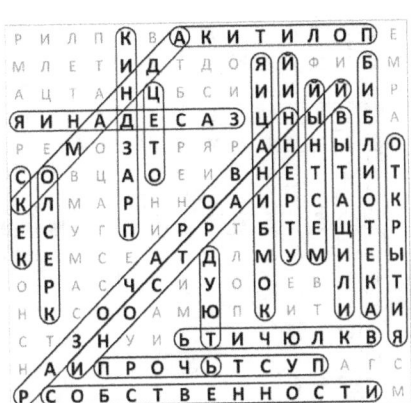

Puzzle 81

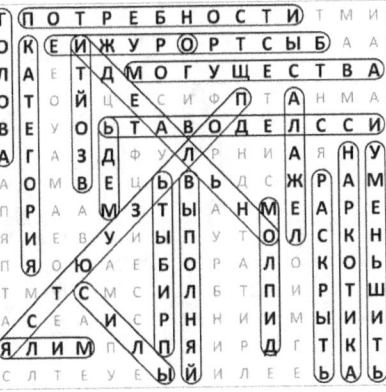

Puzzle 82

Puzzle 83

Puzzle 84

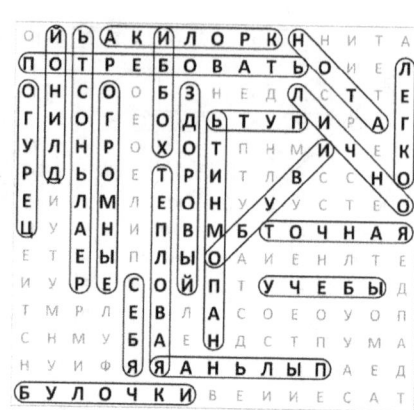

Puzzle 85

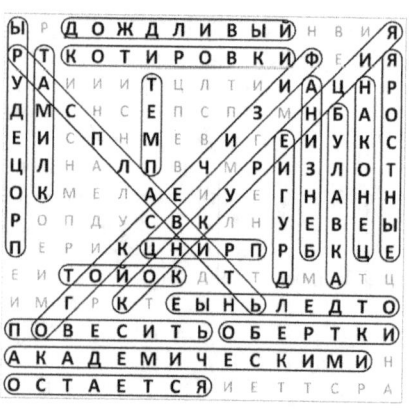

Puzzle 86

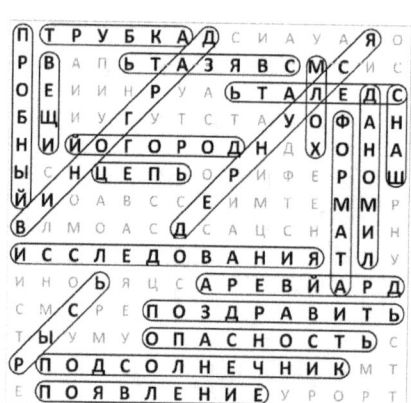

Puzzle 87

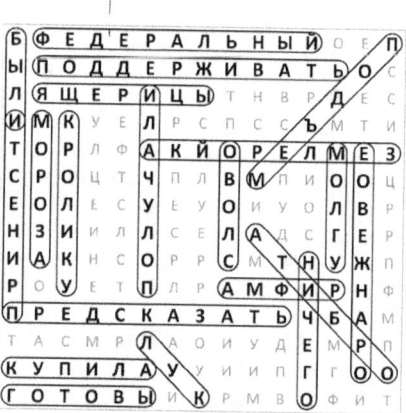

Puzzle 88

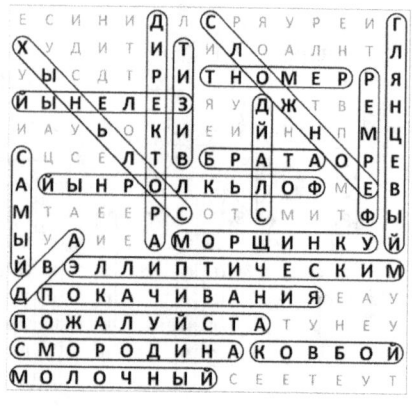

Puzzle 89

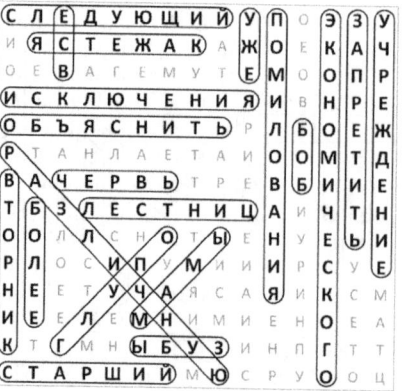

Puzzle 90

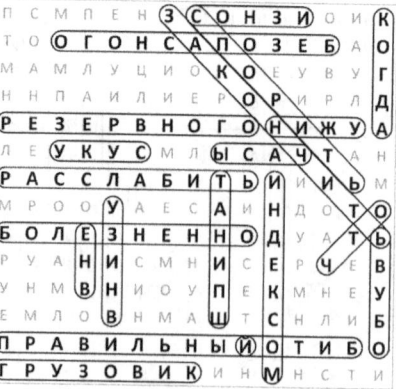

Puzzle 91

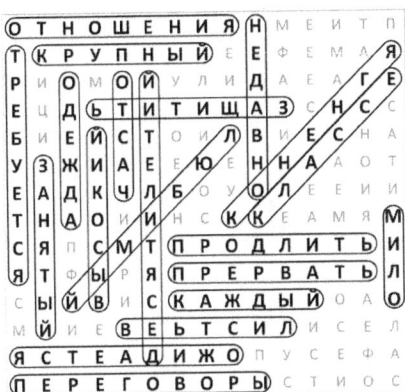

Puzzle 92

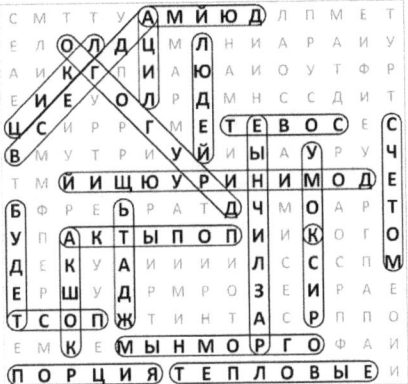

Puzzle 93

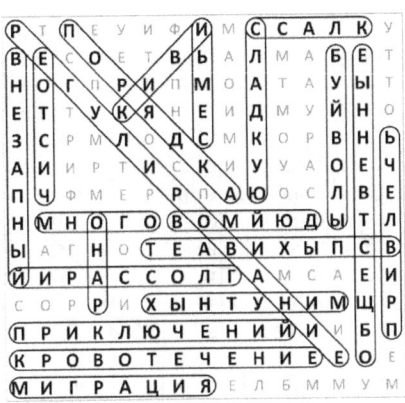

Puzzle 94

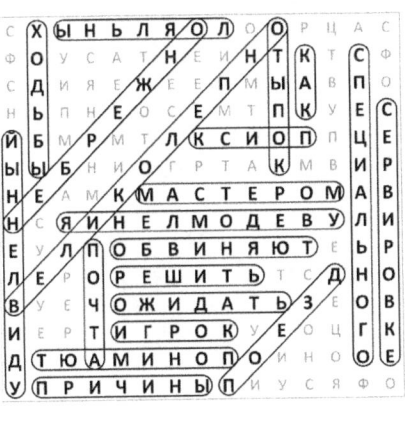

Puzzle 95

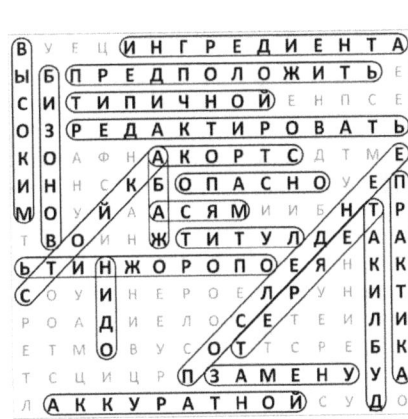

Puzzle 96

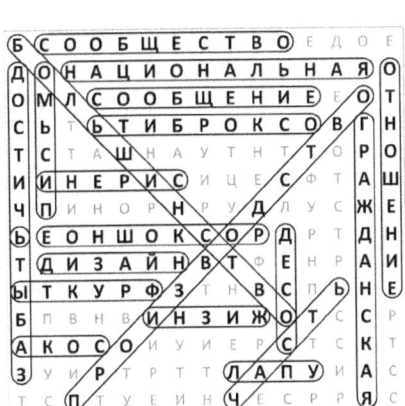

Puzzle 97

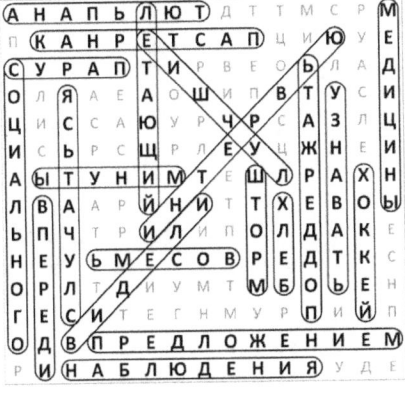

Puzzle 98

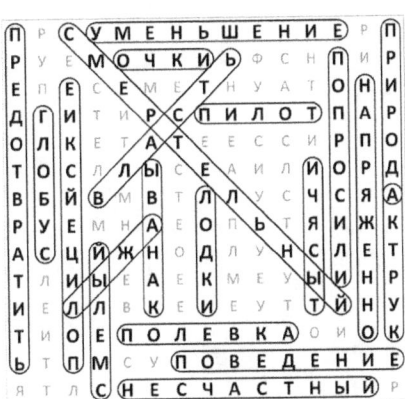

Puzzle 99

Puzzle 100

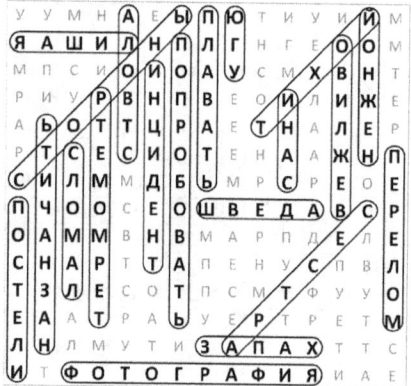

Congratulations

You made it!

We hope you enjoyed this book as much as we enjoyed making it. We do our best to make high quality games.

These puzzles are designed in a clever way to actively spark the brain and make it sharp and quick!
Did you love them?

A Simple Request

Our books exist thanks to the reviews you post on Amazon. Could you help us by leaving a review now?

Here is a short link which will take you to your Amazon orders review page.

BestBooksActivity.com/Review50

MONSTER CHALLENGE!

Challenge #1

Ready for Your Bonus Game? We use them all the time but they are not so easy to find. Here are **Synonyms**!

Note 5 words you discovered in each of the Puzzles noted below (#21, #36, #76) and try to find 2 synonyms for each word.

Note 5 Words from *Puzzle 21*

Words	Synonym 1	Synonym 2

Note 5 Words from *Puzzle 36*

Words	Synonym 1	Synonym 2

Note 5 Words from *Puzzle 76*

Words	Synonym 1	Synonym 2

Challenge #2

Now that you are warmed-up, note 5 words you discovered in each Puzzle noted below (#9, #17, #25) and try to find 2 antonyms for each word.
How many lines can you do in 20 minutes?

Note 5 Words from **Puzzle 9**

Words	Antonym 1	Antonym 2

Note 5 Words from **Puzzle 17**

Words	Antonym 1	Antonym 2

Note 5 Words from **Puzzle 25**

Words	Antonym 1	Antonym 2

Challenge #3

Wonderful, this monster   challenge is nothing to you!

Ready for the last one? Choose your 10 favorite words discovered in any of the Puzzles and note them below.

1.	6.
2.	7.
3.	8.
4.	9.
5.	10.

Now, using these words and within a maximum of six sentences, your challenge is to compose a text about a person, animal or place that you love!

Tip: You can use the last blank page of this book as a draft!

Your Writing:

Explore a Unique Store
Set Up **FOR YOU!**

MEGA DEALS

BestActivityBooks.com/**TheStore**

Designed for **Entertainment**!

Light Up Your Brain With Unique **Gift Ideas**.

Access **Surprising** And **Essential Supplies**!

CHECK OUT OUR MONTHLY SELECTION NOW!

- Expertly Crafted Products -

NOTEBOOK:

SEE YOU SOON!

Delta Classics Team

www.ingramcontent.com/pod-product-compliance
Lightning Source LLC
Chambersburg PA
CBHW082107120626
46553CB00011B/3578